传承红色基因系列

主　编

辛向阳

执行主编

陈志刚

编委会

辛向阳　李正华　樊建新　杨明伟

龚　云　林建华　陈志刚　杨凤城　李佑新

大国工匠

李紫娟◎著

人民日报出版社
北京

图书在版编目（CIP）数据

大国工匠 / 李紫娟著 . -- 北京：人民日报出版社，
2024.3

ISBN 978-7-5115-8255-3

Ⅰ.①大… Ⅱ.①李… Ⅲ.①先进工作者-先进事迹
-中国-现代 Ⅳ.① K820.7

中国国家版本馆 CIP 数据核字（2024）第 063626 号

书　　名：大国工匠
　　　　　DAGUO GONGJIANG
作　　者：李紫娟

出 版 人：刘华新
策 划 人：欧阳辉
责任编辑：周海燕　马苏娜
封面设计：元泰书装

出版发行：人民日报出版社
社　　址：北京金台西路 2 号
邮政编码：100733
发行热线：（010）65369509　65369512　65363531　65363528
邮购热线：（010）65369530　65363527
编辑热线：（010）65369518
网　　址：www.peopledailypress.com
经　　销：新华书店
印　　刷：大厂回族自治县彩虹印刷有限公司
法律顾问：北京科宇律师事务所　　（010）83622312

开　　本：710mm×1000mm　1/16
字　　数：170 千字
印　　张：12.75
版　　次：2024 年 7 月第 1 版
印　　次：2025 年 6 月第 3 次印刷

书　　号：ISBN 978-7-5115-8255-3
定　　价：58.00 元

劳动者素质对一个国家、一个民族发展至关重要。技术工人队伍是支撑中国制造、中国创造的重要基础，对推动经济高质量发展具有重要作用。

要在全社会弘扬精益求精的工匠精神，激励广大青年走技能成才、技能报国之路。

总 序

传承红色基因　赓续伟大精神

人无精神则不立，国无精神则不强。习近平总书记在党史学习教育动员大会上指出："在一百年的非凡奋斗历程中，一代又一代中国共产党人顽强拼搏、不懈奋斗，涌现了一大批视死如归的革命烈士、一大批顽强奋斗的英雄人物、一大批忘我奉献的先进模范，形成了井冈山精神、长征精神、遵义会议精神、延安精神、西柏坡精神、红岩精神、抗美援朝精神、'两弹一星'精神、特区精神、抗洪精神、抗震救灾精神、抗疫精神等伟大精神，构筑起了中国共产党人的精神谱系。"[①]在庆祝中国共产党成立100周年大会上，习近平总书记进一步指出："一百年前，中国共产党的先驱们创建了中国共产党，形成了坚持真理、坚守理想，践行初心、担当使命，不怕牺牲、英勇斗争，对党忠诚、不负人民的伟大建党精神，这是中国共产党的精神之

---

① 习近平：《在党史学习教育动员大会上的讲话》，《求是》2021年第7期。

源。"①革命理想高于天。以伟大建党精神为源头的中国共产党人的精神谱系，是我们党和国家红色基因的重要组成部分，已经深深融入中华民族的血脉和灵魂，成为鼓舞和激励中国人民不断艰苦奋斗、攻坚克难、从胜利走向胜利的强大精神动力。

中国共产党的党旗是红色的，中华人民共和国的国旗是红色的——红色是中国共产党和中华人民共和国最鲜亮的底色。红色基因是我们党的血脉和灵魂，是我们党的宝贵财富和精神力量。在革命战争年代，中国共产党人随时面临生死考验。第一次国共合作失败后，中华大地被白色恐怖笼罩，革命者血流成河，但是他们没有被腥风血雨吓倒。夏明翰身陷牢狱坚贞不屈，在给妻子的家书中发出"坚持革命继吾志，誓将真理传人寰"的豪迈誓言。1936年，共产党员赵一曼在与日军作战中负伤被俘，面对敌人的严刑拷打，她宁死不屈，从容就义，年仅31岁。在抗美援朝战争中，时任志愿军某部连长的杨根思，坚守阵地，在危急关头，抱起仅有的一包炸药，拉燃导火索，纵身冲向敌群，与敌人同归于尽，生命定格在28岁……

回顾历史，100多年来，我们党始终把为中国人民谋幸福、为中华民族谋复兴作为自己的初心使命，始终坚持共产主义理想和社会主义信念，遭遇无数艰难险阻，经历无数生死考验，付出无数惨烈牺牲，以"为有牺牲多壮志，敢教日月换新天"的大无畏气概，团结带领全国各族人民为争取民族独立、人民解放和实现国家富强、人民幸福而不懈奋斗，书写了中华民族几千年历史上最恢宏的史诗，创造了人类

---

① 习近平：《在庆祝中国共产党成立100周年大会上的讲话》，《人民日报》2021年7月2日第2版。

发展史上的伟大奇迹。习近平总书记强调："要深刻认识红色政权来之不易，新中国来之不易，中国特色社会主义来之不易。"

把红色基因传承好，确保红色江山永不变色，是我们的历史责任和光荣使命。党的二十大的主题是："高举中国特色社会主义伟大旗帜，全面贯彻新时代中国特色社会主义思想，弘扬伟大建党精神，自信自强、守正创新，踔厉奋发、勇毅前行，为全面建设社会主义现代化国家、全面推进中华民族伟大复兴而团结奋斗。"党的二十大闭幕后不到一周，习近平总书记带领新当选的二十届中共中央政治局常委瞻仰延安革命纪念地，庄严宣示新一届中央领导集体赓续红色血脉、传承奋斗精神，在新的赶考之路上向历史和人民交出新的优异答卷的坚定信念。新时代新征程，我们要牢记"三个务必"，牢记红色政权是从哪里来的、新中国是怎么建立起来的、新时代伟大变革的成就是如何取得的，坚定道路自信、理论自信、制度自信、文化自信，坚定历史自信，增强历史主动，谱写新时代中国特色社会主义更加绚丽的华章。

"传承红色基因"系列图书，坚持以习近平新时代中国特色社会主义思想为指导，旨在从党的百年伟大奋斗历程中汲取继续前进的智慧和力量，讲好红色故事、传承红色基因、赓续红色血脉，坚定理想信念，为全面建设社会主义现代化国家、全面推进中华民族伟大复兴凝聚强大精神力量。

是为序。

辛向阳

2023年11月29日

目　录

第三章 工匠精神的时代价值与重要意义

第四章 培育工匠精神面临的困境、挑战及其成因

第五章 大国工匠与工匠精神的培育路径

第一章
工匠及工匠精神的历史缘起与发展逻辑

众所周知，中华民族拥有 5000 多年的文明史。翻看中华民族的历史长卷，我们总能看到各种工匠的身影。工匠作为身份较为特殊的一个群体，凭借自己精湛的技艺与坚毅的品格与其他群体铸就了中华文明的辉煌历史，并在华夏文明悠久岁月的积淀过程中逐渐形成了工匠精神。工匠精神具有厚重的历史特色、深刻的理论内涵、强大的实践力量和鲜明的时代特征。工匠精神在中华这片勤劳自强的大地上萌发、生成、发展与弘扬并不是偶然的，更不是无本之木、无源之水，而是历史的必然与时代的选择。深厚的理论积淀、文化传承和实践基础贯穿其中，形成了工匠精神独特的历史发展逻辑。

第一节　工匠及工匠精神的历史缘起

工匠，从字面来看，就是工人、匠人的意思。《现代汉语词典》（第7版）对此的解释是手艺工人。在中华民族漫长的历史进程中，正是一代又一代工匠孜孜不倦地追求道技合一，把对技艺的浸淫、对作品的虔敬、对人情的体察、对自然的敬畏，以匠心之巧思，倾注于制作过程，才创造出灿烂辉煌的中国古代科技文明。而工匠精神是工匠对自己的产品精雕细琢、精益求精的精神理念。这一精神是工匠在不同的历史时期，在不断制造做工精良的产品过程中逐渐形成的。工匠在这一精神指引下工作，在改造客观世界中获取新的认识，从认识到实践、从实践到认识，循环往复，以至于无穷，不仅在制造上不断精进，而且在认识上不断升华，以至于达于物我两忘、天人合一的至高境界。

一、古代工匠的缘起与发展

劳动是人类运动的一种特殊形式。劳动创造了人，劳动创造了人类社会，劳动是人类生存与发展的第一需要。劳动创造人类历史是以劳动创造人为前提的。恩格斯指出："劳动是整个人类生活的第一个基本条件，而且达到这样的程度，以致我们在某种意义上不得不说：劳动创造了人本身。"①离开劳动，人们无法深刻理解人类在生存方式上与动物本能活动的区别。马克思主义认为，人和动物的根本区别在于人能够制造工具和使用工具，人类的发展史，首先就是制造和使用工具的历史。在原始社会早期，社会分工程度低，工具的制造技术比较简单，制造工具是人们普遍拥有的一种技能，这个时候还没有专门制造工具的工匠。随着原始人智力的发展和经验的积累，一部分人在制造工具方面表现出比其他人更高一筹的技术，因而这部分人在劳动中很自然地被部落首领或其他成员安排来重点或专门负责制造工具，于是在原始部落中开始出现了简单的分工。到了新石器时代，原始人的生活用具、生产工具的种类不断增加，制造技术也越来越复杂，手工业成为一个专门的部门，开始从农业中分离出来。

（一）古代工匠的溯源

中国古代工匠正是起源于以仰韶文化为代表的原始社会新石器时代，距今六七千年的仰韶文化时期的制陶技术就包含选土、制坯、修饰、着色、烧制等多种工序，如此复杂的劳动不是所有部落成员都能胜任的，只能由少数拥有技术专长的人来承担，这些拥有技术专长的人就是早期的工匠。"匠"，其外框"匚"是可以用来盛放木工用具的口朝右的箱子，象形字"斤"在其中，从甲骨文上面是横刃、下方为曲柄的字形上看，按照上古时期"象斧斤形"的字形解释，由此将木工叫作"匠"。随着历史的发展、时间的演变，人类工作的种类越

---

① 《马克思恩格斯选集》第 4 卷，人民出版社 1995 年版，第 373-374 页。

来越多，具有专门技术的人都可以简单地称作"匠"。但是要根据技艺的高低程度，拥有一般技艺的"匠"叫作"手艺人"，那些拥有专长技艺的"匠"称为"工匠"。由此，"工匠"指的是有一定工艺专长的匠人，在上古时期是具有一定的社会地位又受到尊重的一种职业。农业社会的大部分工匠是手工业的劳动者，他们拥有特殊的专业技能，以一技之长服务社会，通过职业的社会分工生存和发展，涉及的主要职业有木匠、裁缝匠、泥瓦匠、画匠等，涉及农林牧业等领域。《荀子》中载："人积耨耕而为农夫，积斲削而为工匠，积反货而为商贾。"[①]《考工记》中记载："百工之事，皆圣人之作也。烁金以为刃，凝土以为器，作车以行陆，作舟以行水，此皆圣人之所作也。"

（二）古代工匠的分类发展

到了原始社会晚期，在中国大致是"三皇五帝"时期，出现了部落联盟，各部落氏族之间出现了手工业生产的分工。这些部落或氏族的成员大多擅长某种或几种相同的手工业技艺，如擅长制陶的陶氏、擅长结绳的索氏、擅长做釜的绮氏、擅长扎篱笆的樊氏等，他们就是氏族工匠。黄帝的妻子元妃嫘祖也是氏族工匠的杰出代表，她发明了养蚕制丝的方法，教授人们织绸做衣。据《中国历代考工典》记载，黄帝还曾命令宁封等工匠制作器物，用来给百姓使用。随着社会分工的扩大和商品交换的发展，贫富分化加剧，社会结构发生显著变化，宗教与政治结合在一起，出现了掌握军事权力与宗教权力的首领，部

---

① 《孟子·荀子》，人民文学出版社 2003 年版，第 47 页。

落之间掠夺战争频繁，各地纷纷建造起城堡。一些大的部落或部落联盟以此为依托进一步扩充地盘，从而逐步形成了国家。大约公元前2070年，我国建立了第一个奴隶制国家——夏。在国家形成的过程中，氏族工匠逐渐消失，工匠逐渐分化为官匠和民匠两大类。

1.官匠。官匠在官府作坊或统治者发起的大型工程中服役，由官府统一管理。据考证，我国在殷商时期就已经出现了由官府统一管理的工匠，到西周时逐步形成了比较完善的工匠管理制度。官府负责管控百工在手工业作坊中的劳作，工师需要对其劳作的成果进行培训与评比，即《荀子》中记载的"论百工，审时事，辨功苦，尚完利，便备用工师之事也"。可见，从夏商周时期开始，主要以"百工"进行传统手工业的传承，工师在不同时期布置给工匠一定份额的工作任务，百工对工匠判断其手艺精湛程度，对其手工业技艺进行考核，并确立相应的生产标准规范来约束工匠生产过程。春秋时期，手工业开始利用奖惩机制来提高学徒对工匠技艺的投入程度。《礼记·月令》第六记载，工师需"物勒工名，以考其诚。功有不当，必行其罪，以穷其情"。唐代的学徒制度较为成熟，是由少府监和将作监对传统手工业匠人的学习与训练进行相应的管理与约束。

从西周到春秋战国时期，生产力进一步发展，社会分工更加明确，士农工商不相杂居，官匠世世代代只能在官府作坊中劳动和生活。如《淮南子·齐俗训》所述："人不兼官，官不兼事，士农工商，乡别州异。"①秦汉时期，为了便于征调有一技之长的工匠到官

---

① 张双棣撰：《淮南子校释》，北京大学出版社2013年版，第1210页。

府作坊或大型工程中服役，统治者建立了专门的机构，对工匠实行严密的户籍管理。到了唐宋，官匠多是招募而来的，其待遇与民间的雇工差不多，实施的是有酬劳动。元朝时实行匠户制度，把工匠编入官匠、民匠和军匠三种户籍，其中官匠要长期给官方服役，军匠是为军队服务的手工业生产者，实际上也是官匠的一种。明朝初期在继承这一制度的基础上进行了改革，允许工匠轮流服役，轮空期间可以自主经营；明朝中期则进一步实施匠银制度，规定官匠可以纳银代役，每年上交足够的"匠班银"以后，便可自由经营。清朝顺治二年匠户制度被朝廷废除，之后官府的工程主要通过雇用民匠来完成，中国古代官匠服役制度最终瓦解，官匠获得了解放。

2.民匠。民匠，即民间手工业生产者，他们或者为他人制作手工业产品而获取生活资料，或者自行生产和出售手工业产品来维持生计。中国古代的民间工匠产生于自给自足的小农经济，早期规模小而分布零散。到了春秋战国时期，周王室失去了对国家的控制，造成社会动荡，战乱不止，一些弱小的诸侯国经常被强国灭亡，原来在官府作坊服役的部分工匠因而流落民间，民间工匠的队伍随之壮大。这个时期，民间工匠在经济领域已表现得非常活跃，技艺高超的工匠收徒授艺；有一定资产的工匠在家生产或在城镇经营自己的作坊、出售自制的手工业产品；资产不够的工匠则巡游各地，靠为他人制作产品或修理器物来获取劳动报酬。据《孟子·滕文公》记载，有个叫许行的工匠"其徒数十人，皆衣褐，捆屦织席以为食"[1]。意思是说，许行及

---

① （战国）孟轲著，杨逢彬译注：《孟子》，岳麓书社2011年版，第99页。

其徒弟编鞋织席，并不完全是供自己使用，而是以此谋生。

秦统一六国以后，建立了严格而庞大的官匠管理体系，民间工匠大多被征调到官府作坊或长城、阿房宫等大型工程中劳作，民匠的发展受到限制。西汉初期，实行休养生息的政策，民间工匠于是有了相对宽松的社会环境，但大部分能工巧匠还是在官营作坊劳动，特别是汉武帝推行盐铁官营政策以后，民间工匠并没有得到很好的发展。到了魏晋南北朝时期，随着自给自足自然经济的日益普遍和推广，商品交易受到非常严重的影响，民间手工业极度衰落，民间工匠大多又回到了"男耕女织"的状态中。隋朝到唐初时期，在统一的社会环境下，民间工匠的发展状况虽然有了一定好转，但由于官营手工业体系规模庞大，民间工匠的发展仍然很有限。唐朝中期以后在官匠管理上实行雇工制度，特别是到了宋朝，朝廷进一步放宽了对城镇工商业生产和经营的限制，商品经济快速发展，民间工匠队伍得到迅速恢复和发展壮大。从元朝开始到明朝初期，实行严格的匠户制度，民间工匠的发展又受到抑制。明朝中期，推行纳银代役制度，民匠的生存环境相当宽松，民匠队伍又得到较大发展。清朝初期取消了匠户制度，基本上不存在民匠与官匠的区别了。

由此可见，早在新石器时代，随着手工业从农业中分离出来，一些有技术专长的人成为工匠。中国古代工匠主要通过手工劳动来获取生活资料，通过手工劳动或运用简单的生产机械从事生产活动，是中国古代工匠的首要特征。统治者不愿意承担体力劳动，只有工匠、奴隶等劳力阶层被迫承担，而统治者享受着衣食无忧的悠闲生活，形成了厌恶体力劳动与鄙视工匠的社会风气或社会价值取向。如"劳心者治人，劳力者治于人""志于道，据于德，依于仁，游于艺""万般皆下品，唯有读书高"等观点成为我国古代文化的主流思想。然而，传统社会文化价值观对工匠阶层的鄙夷与排斥，并不能抹杀工匠在人类文明史上的贡献。由于是手工生产，工匠往往能够根据顾客的特殊要求来确定产品的功能和细节，并在制作过程中融入自己的理解与创造，这样制作出来的产品也就富有了个性和灵气。即使同一工匠所制作的同一产品，由于时间、环境和心境的不同，也会呈现出不同的特性与气质。与当下流行的个性化定制一样，这种产品的"唯一性"能够满足不同消费者的特殊爱好和需求。而且中国古代工匠技艺世代相传，加上统治者为提高产品的质量从战国末期开始实施"物勒工名"制，促进了中国古代先进技艺的传承与发展，因而中国古代手工业技术水平一直处于世界各国的前列。

二、工匠精神的历史渊源

中国作为一个手工艺大国，已为当今世界所公认。而不同时代的工匠精神反映了不同时代工匠的发展特点。也正是因为永世追求卓越的工匠精神，才使我国古代手工业有着如此多的辉煌壮举。正如中央电视台教育片《大国工匠》节目负责人姜秋镝所说的，"我国数千年历史中，出现过鲁班这样的大师级工匠，也有修造出故宫这种世界奇观建筑的工匠，这说明中华民族的基因里，的确有工匠精神，也得以延续和传承，我们要做的，是把它挖掘出来"。中国古代的工匠精神源远流长，从四大发明到丝绸之路，再到郑和下西洋的庞大舰队等，都体现了中国的工匠精神。

（一）鲁班的仁爱与创新精神

木匠鲁班就是我国历史上代表工匠精神的一个实例。木匠鲁班是我国古代优秀的工匠和杰出的发明家，作为"匠"，他巧技制器、规矩立身，怀匠心；作为"师"，他授业解惑、至善育人，严师道；作为"圣"，他创制垂法、博施济众，怀圣德。在当时生产力极度低下的情况下，机械、土木、手工工艺等方面有所发明，大大提高了当时的社会生产力。今天，木工师傅们用的手工工具，如钻、刨子、铲子、曲尺，画线用的墨斗，据说都是鲁班发明的。而每一件工具的发明，都是鲁班在生产实践中得到启发，经过反复研究、试验出来的。所以后世称鲁班为"百工圣主""中国创造第一人"。

鲁班所发明的用于生产生活的器具之中，首先值得一提的是石磑（石磨）。秦嘉谟所辑佚的《世本》称，"公输作石磑"①。该条逸文本之于《后汉书·张衡传》的"行积冰之磑磑兮，清泉沍而不流"句下唐人李贤等注所引《世本》。②又，《一切经四分律音义》引《世本》作"输般作磑"，《太平御览》七百六十三引作"公输般作磑"，《急就篇》补注所引亦作"公输般作磑"。以上所提到的传世文献中，时代最早的当属西汉史游所撰《急就篇》，该书卷三"碓磑扇隤舂簸扬"条下唐人颜师古注曰："磑，所以礳也，亦谓之硙，古者雍父作舂，鲁班作磑。"③

---

① （汉）宋衷注，（清）秦嘉谟等辑：《世本八种》，中华书局2008年版，第364页。
② （南朝宋）范晔撰，（唐）李贤等注：《后汉书》，中华书局1965年版，第1929页。
③ （西汉）史游撰，（唐）颜师古注：《张传官校理·急就篇校理》，中华书局2017年版，第335页。

　　由此可见，相传成书于战国史官之手的《世本》，是否明确记载过"鲁班作磑"，由于原书早已散佚，我们不能据之作出确定的判断；但在唐人的注解之中，"鲁班作磑"的说法是被普遍承认的。对于该说法更为有力的支撑证据，则是由较之唐人时代更早的东汉许慎所提供的，其《说文解字》中载："磑，礴也。从石豈聲"，并明确声称"古者公输班作磑"①。据此，可以认定所谓"石磑"当属鲁班之发明无疑。又段玉裁此处注曰："礴，今字省作磨。"②可见，"石磑"即今所谓的"石磨"，是鲁班对杵臼（舂）的机械化改进，用以将米麦等谷物脱壳并研磨成粉，将杵臼的上下间歇运动转变为平面的连续旋转运动，不仅降低了劳动者的工作强度，而且大大提高了劳动者的生产效率。这项发明不仅显示了鲁班作为"机械之圣"的聪明才智与创新精神，而且体现了他体恤劳民、服务百姓的阶级立场。

　　而机封的发明不仅展现了鲁班的创新精神与务实精神，而且还能体现其劳动者本色。该发明见载于《礼记·檀弓下》，其文曰："季康子之母死，公输若方小，敛，般请以机封，将从之。公肩假曰：'不可。夫鲁有初，公室视丰碑，三家视桓楹。般！尔以人之母尝巧，则岂不得以？其毋以尝巧者乎？则病者乎？噫！'弗果从。"③鲁班所处的时代正值奴隶主贵族没落，腐朽的统治阶级越到末日越奢靡、残暴，尤其体现在丧礼一事之上。《庄子·天下》载："古之丧礼，贵贱有仪，上下有等，天子棺椁七重，诸侯五重，大夫三重，士

① （汉）许慎撰，（宋）徐铉校定：《说文解字（附音序、笔画检字）》，中华书局 2013 年版，第 193 页。
② （汉）许慎撰，（清）段玉裁注：《说文解字注》，上海古籍出版社 1981 年版，第 452 页。
③ （汉）郑玄注，（唐）孔颖达正义：《礼记正义》，上海古籍出版社 2008 年版，第 401-402 页。

再重。"①这里所谓"古礼"已经极尽奢华，而在"礼坏乐崩"的春秋战国之交，绝大多数的贵族早已不再遵守，纷纷僭越。从今天所出土的那个时代的墓葬的普遍情况来看，一个贵族死后，他的葬礼总是极尽铺张之能事，金衣、玉衣、木棺、铁棺、铜棺、石棺，里里外外要有很多层，因此就变得十分巨大、笨重，相应地，其墓坑也必须挖得很深很大，需要大量的奴隶用非常原始的纯靠体力的办法将棺材搬运、安置进去，而这些青壮年奴隶又很可能会在完成工作的同时，就变成了陪葬物。

鲁班看到这一切很反对，就试图运用"转动机关"（滑轮）的方式将棺材下葬，这样不仅节省人力物力，甚至很可能是在做着挽救奴隶生命的努力。但是这样一种善举，竟然遭到疯狂的反对，以公肩假为代表的守旧派贵族就对鲁班辱骂道："你用人家的母亲试验你的技巧，难道不干不行吗？要是不试验你的技巧，你就急出毛病来了吗？"②然而可笑的是，这种反对意见的理论根据竟然是公肩假所谓"鲁有初，公室视丰碑，三家视桓楹"，具体讲，所谓"公室视丰碑"，竟是鲁国国君对周天子之礼的僭越；而"三家视桓楹"，则是鲁国三大权臣对本国国君之礼的僭越，以这样一种僭越的所谓"礼"来攻击鲁班的发明创造，其对于劳动人民生命之漠视态度几乎达到了冷血的境地。而鲁班的新发明，亦在这种反对声中被禁止（弗果从）。从这里也可看出，鲁班不仅是当时远近闻名的能工巧匠，其所设计的东西实用、便捷，充满创意，而且他对受压迫的广大劳动人民

---

① （清）郭庆藩撰，王孝鱼点校：《庄子集释》，中华书局1961年版，第1074页。
② 王文锦译解：《礼记译解》，中华书局2005年版，第138页。

群众表现出了真诚的同情与怜悯，这正是鲁班历史形象中的"仁爱精神"的直接体现，而这种对人民及其生命的尊重，不仅是其朴素的阶级情感的自然流露，更是他对人性之善的体认。

（二）干将莫邪以身铸剑的献身精神

干将莫邪作为名剑广为流传，很大程度上是因为其锋利的特性。《说苑·杂言》中称"干将为利，名闻天下"。可见"干将"在当时是名闻天下的利剑。王念孙在《广雅疏证》中称："干将、莫邪皆利刃之貌，故又为剑戟之通称。"可见其已经成为一个名剑符号。《庄子·大宗师》中载："今大冶铸金，金踊跃曰'我且必为镆铘'。"这更是用寓言的方法，借熔金之声，传干将莫邪之望。这是古代工匠对自己技艺要求严苛，以及对作品高品质的追求，在其剑锋利的特性中淋漓尽致的体现。而干将莫邪作为剑器肯定是需要人来铸造的，但在早期文献中，对于铸造干将莫邪剑的剑师似乎并没有过多的记载。《庄子·大宗师》："今大冶铸金"，《荀子·强国》中称"工冶巧"。虽然"大冶"等不是实指，但也为后世剑师形象奠定了基础。而"干将莫邪"明确从剑器转向剑师，始于西汉刘向。《太平御览》引《列士传》："干将、莫邪为晋君作剑，三年而成，剑有雌雄，天下名器也。"《吴越春秋·阖闾内传》中阖闾请干将莫邪铸作名剑二枚，并分别取名为干将、莫邪，"干将莫邪"自此形成了"剑师"与"名剑"的合一。

干将莫邪是中国古代传说中造剑的名匠。干将，春秋时吴国人，其师兄是大名鼎鼎的欧冶子，干将莫邪两人曾跟他学过铸剑术，为楚王造过龙渊等三柄宝剑，后来吴王也听说了他们的大名，于是付了工钱命他们为自己铸剑。为了炼制出能够让吴王满意的宝剑，干将不辞辛劳地采集了五方名山中的铁精和天下金属的精华做铸剑原料。之后，为了能掌握好天时地利，他连续观察天象，一连好几天都没有合眼，终于挑选了一个阴阳同光的良辰吉日开始铸剑。铸剑时的辛苦自不必说。自开铸以来，干将从未离开炉子半步，吃住都在炉前。温柔贤惠的莫邪则在一旁端茶送水，无微不至地照顾丈夫。很快3个月过去了，眼看宝剑就要铸成。可这天，气温突然下降，金铁不能熔化，凝结了。金铁不熔化，剑就无法铸成。干将见情况不妙，非常着急。虽然想尽了办法，但最终还是无能为力。莫邪在一旁见炉中采自五山六合的金铁之精无法熔化，丈夫叹息不止，也暗自流泪。干将知道妻子流泪，是为自己的性命担忧。因为宝剑铸不成，自己就得被吴王杀死。

有一天晚上，看着一筹莫展的丈夫，莫邪突然问道："记得你师傅是怎么死的吗？"干将慢慢抬起头，痛苦地回忆道："那是一个寒冷的冬天，师傅在冶炼时，因为金铁久久不熔化，他就和师母一同跃入炉膛，这才使得金铁熔化。这以后人们凡是要到矿山搭台冶炼，都要披麻戴孝，祭祀师傅，然后才敢开炉炼铁。唉！这些都是往事了，今天你怎么会想起它呢？"莫邪说："我想，大凡要让神异的东西起变化，必须有人做出牺牲才行。今天你铸造宝剑，是不是也应有人做出牺牲，然后才能成功呢？"干将猛然醒悟道："对啊！我怎么就没有想到呢？现在金铁不熔化，恐怕就是这个缘故吧。"莫邪坦然地笑着说："既然师傅能不惜牺牲性命来铸造物件，我们还有什么为难的呢?"于是，干将与莫邪当即剪光了自己的头发和指甲，投入炉膛。事前，他们还叫上300个童男童女，装满煤炭，鼓起风箱。说来也奇怪，这时只见炉中火苗呼呼地蹿出炉膛，金铁终于慢慢地熔化了。看到滚滚的铁水，夫妻俩会心地笑了。宝剑终于铸成了。夫妻俩看着用心血换来的宝剑，百感交集。在夜光下，只见一把阳剑的花纹像龟甲，干将就给它取名叫"干将"；而另一把阴剑的花纹像水纹，干将便给它取名叫"莫邪"。

干将莫邪像

在古代，面对铸剑时所遇的困难，早期剑师想到的方法就是祭祀。剑师希望通过"祭剑"这种极富仪式感的行为来提高铸剑的成功率。其实，通过"人祭"的方法企图增加器物特性的方法自古有之。《左传·昭公五年》载："吴子使其弟蹶由犒师，楚人执之，将以衅鼓。""衅鼓"即用人血涂抹在新鼓上，古人认为这样可以让鼓更加耐用，且使鼓声更具有震慑力。与"衅鼓"所不同的是，古代剑师的祭祀是自身殉剑，并非将奴隶、战俘等以"人殉"的方式杀害。一个是大无畏的牺牲，一个是毫无人性的杀戮，二者有着天壤之别。面对"金铁之类不销"的情况，古代早期的剑师考虑的是借助"人祭"来克服阻碍，不管是因为铸剑不成恐难逃一死的义愤，还是因为想用自己的血肉之躯来"惊天地，泣鬼神"的无畏，他们将铸剑的希望更多寄托在自己的牺牲中，这是另一种形式的人剑合一，从而告诉后世，要成就伟大事业，就需要有献身精神。这种对待工作勇于奉献、精益求精的态度应当成为我们当代人的精神信仰。从剑名到剑师的转变，实际上是"剑的人化"与"人的器化"相交织的结果。"干将莫邪"已经成为一种象征符号，这体现了人们对名剑的崇拜和对良匠的渴求。而干将莫邪为了打造精巧优质的剑器，花3年之久，专注、长时间地投入精力，不走捷径甚至牺牲的精神，体现的正是古代社会精益求精的工匠精神。

（三）马踏飞燕展现了高超精湛的工艺技术

马踏飞燕是1969年10月出土于武威市雷台汉墓，并藏于甘肃省博物馆的青铜奔马铜器群。当时，在汉墓的陪葬品中发现，有一匹飞奔的骏马脚下踏着一只飞翔的鹰或燕。1971年9月，郭沫若陪同柬埔寨宾努亲王从新疆回来，在访问兰州参观甘肃省博物馆过程中，当看到雷台汉墓出土的铜车、铜马群时，一眼就被那匹脚踏鸟儿的马深深吸引了，郭沫若看着它雄姿英发的奔跑之态，瞬间诗情画意的浪漫情绪涌上来。"马踏飞燕"，就这样郭沫若将它命名成诗一般的名字，从此它进入大众视野。这年12月，在郭沫若的引荐下，这匹"马儿"得以在世人面前展出，还永久进驻故宫博物院成为影响世界的文化遗产，后来参与英国、法国、日本等国的巡回展览后，"马踏飞燕"的世界性被普遍认可。1986年被列为国宝级文物，2002年更是成为我国首批禁止出境展出的文物。

马踏飞燕，这件汉代青铜奔马尺寸硕大，高34.5厘米、长45厘米、宽13.1厘米、重7.3千克。所有看过马踏飞燕的专家，都在感叹中国古人真是太厉害了，太有智慧了，不仅能通过昂扬的马首、流线型的身躯和四条刚劲的马腿，把奔马所具有的力量和速度融合得浑然一体，还能通过踩在飞燕上的一条马腿，把它全身的着力点集中到一个地方，完美地展现了力学平衡的原理。在1000多年前的汉朝，能产生这样的效果，可见我们中国的古代文明是多么灿烂。张衡《二京赋》之一《东京赋》中云："龙雀蟠蜿，天马半汉"，说的是龙雀盘曲、天马恣意驰骋。在古人的心目中，牛马的地位都非常高，这是重视农业文化的一个突出表现。所以从汉朝时期开始，"天马"形象的艺术品层出不穷，其中，"马踏飞燕"可以称为翘楚。

马踏飞燕的侧面照

　　"马踏飞燕"又名"马超龙雀"，作为东汉时期雕塑艺术和铸铜工艺融为一体的杰出作品，在中国雕塑史上代表了东汉时期的最高艺术成就。一匹千里马正在疾驰飞奔，它体态健美，躯干壮实而四肢修长，昂首扬尾，四蹄翻腾，马尾高扬，口张作嘶鸣状，以少见的"对侧快步"的步伐奔驰向前。其三足腾空，后右蹄踏在一只正在振翼奋飞的鸟背上，鸟顾首惊视，与之相呼应，奔马头微左顾，似乎也想弄清楚发生了什么事，而这一切尽在瞬间。由于马蹄之轻快，马鬃马尾之飘扬，恰似天马行空，以至于飞鸟不觉其重而惊其快，更增加了天马凌空飞驰的气势。同时，整个马体重落一足，小小飞鸟承之而可平置，这体现了设计者独具匠心运用现实主义与浪漫主义相结合的艺术手法，以丰富的想象力、精巧的构思、娴熟的技艺，把奔马和飞鸟绝妙地结合在一起，以飞鸟的迅疾衬托奔马的神速，造型生动，构思巧妙，将奔马的奔腾不羁之势与平实稳定的力学结构凝为一体，展现出蓬勃的生命力和一往无前的气势。

马与鸟的线条流畅，比例匀称，奔驰与飞翔的动态表现得淋漓尽致，生动体现了骏马奔驰与飞鸟争先的瞬间，体现出古人奋发向上、豪迈进取的精神；该作品不仅构思巧妙，而且工艺十分精湛；不仅重在传神，而且造型写实，堪称我国古代雕塑艺术史上神奇而稀有的瑰宝。因此，"马踏飞燕"作为中国数千年灿烂文化的代表之一，它的意境表现了自由奔放、开拓进取、努力超越的民族精神，这不是一般仅做工精美的文物所具有的；它灵动的造型和精湛的工艺，是中国古代艺术和铸造业的代表。

马下踏着的神鸟

从以上这些历史记载中我们可以看出，鲁班所代表的工匠精神凝练为"匠技之精"与"匠德之善"两种维度，前者又具体表现为"创新精神"与"务实精神"，后者则可用"仁爱精神"与"担当精神"

来体现。这不仅是构成"中华匠道"（中华传统工匠精神）的重要组成部分，而且在某种程度上甚至可以看作"中华匠道"的理论源头。不仅如此，我们从已出土的有关文物和传承下来的古建筑也可以看出，许多都是传世之作，是传统工匠精湛技艺的结晶，彰显了工匠精神。不管是干将莫邪剑，还是出土的马踏飞燕，抑或是1965年考古工作者在湖北江陵一座楚国墓葬中挖掘出的春秋晚期越国青铜器——越王勾践剑，都是代表古代工匠精益求精工艺的典型作品。

越王勾践剑铭：越王鸠浅，自作用剑

越王勾践剑，春秋晚期越国青铜器，国家一级文物。这把剑在历经2500余年后，出土时剑锋仍闪烁寒光，依旧锋利无比，剑身没有锈迹，花纹光亮如新，实为旷世罕见之奇物。从越王勾践剑留下的范铸信息看，它的铸制成功，体现了当时制模、制范、焙烧、熔铸、机械加工等分工合作的结晶，而菱形纹的制作、铭文的制作、同心圆首的制作及嵌玻璃与嵌松石，又是个体专业工匠分别操作的成果。越王勾践剑是越王勾践请铸剑名师历经数年精心铸造出来的，剑锋利而又不容易折断，历史文化价值很高，被当世之人誉为"天下第一剑"，堪称国宝。越王勾践剑的发现让我们对古人的智慧更加敬佩，他们在古代科技生产落后的条件下制造出了一件又一件鬼斧神工的珍宝。可以说，越王勾践剑制工精美，代表着中华民族的璀璨文明，折射出我国古代工匠的精湛技艺，彰显出铸剑师的工匠精神。

第二节　工匠精神的文化传承

人民是历史的创造者，是社会向前发展的推动者，但正如马克思所指出的，"人们自己创造自己的历史，但是他们并不是随心所欲地创造，并不是在他们自己选定的条件下创造，而是在直接碰到的、既定的、从过去承继下来的条件下创造"[①]。工匠，作为较为特殊的一个群体，它的特色在于其技艺的精湛，在于其产品的精妙，在于其细微处展现出来的功夫。而任何精神都不是凭空产生的，必然是在特定的历史文化条件下产生的，尤其是一定的精神文化积淀之上的创造。正如习近平总书记在党的十九大报告中所指出的："中国特色社会主义文化，源自于中华民族五千多年文明历史所孕育的中华优秀传统文

---

① 《马克思恩格斯选集》第 1 卷，人民出版社 2012 年版，第 669 页。

化，熔铸于党领导人民在革命、建设、改革中创造的革命文化和社会主义先进文化，植根于中国特色社会主义伟大实践。"[①] 与此相对应，工匠精神也源自丰厚的历史传承，构建于现实支撑。

一、工匠精神根植于中华优秀传统文化

中华优秀传统文化是历代先贤智慧的结晶，是中华民族精神和文化风貌在历史演进中沉淀下来的精华。中华优秀传统文化是孕育中国文化自信的母体，是塑造新时代劳动者的丰厚滋养。我国的工匠文化自开创以来，经历了数千年的历史，成为我国古代文明的重要支撑。中华民族有着久远深厚的工匠文化传统，体现了"尚巧""求精""道技合一"的古代匠人文化传统。这些都是工匠精神得以在今日之中国大力弘扬的文化积淀。

（一）中华优秀传统文化中追求"尚巧"的创新精神，为工匠精神注入追求卓越的文化基因

从词源学角度来看，"工匠"是由"工"和"匠"两部分组合而成的复合词。从字义上来看，"工"是一种工具或作为工作的方法或原则，体现精致、高超、专注的性质；做形容词时，与"匠"构成偏正结构的复合词，指工艺精致、技术高超的匠人。追求技艺之巧，对于传统工匠具有极其特别的意义。

首先，巧是工匠一词的基本内涵。《说文·工部》中写

---

① 习近平：《决胜全面建成小康社会 夺取新时代中国特色社会主义伟大胜利——在中国共产党第十九次全国代表大会上的报告》，《人民日报》2017 年 10 月 28 日。

道："工，巧饰也。象人有规矩也。与巫同意。凡工之属皆从工。"[1]"工，巧饰也"强调了"工"所具有的两大特殊性质，即体现技术或技术设计原则的"巧"和体现艺术、审美原则的"饰"。何谓"巧"？《说文解字》中解释道，"巧，技也"。"技"是工匠通过切割、打磨、雕刻玉器、骨器等物品，生产出区别于机械生产的产品所运用的独一无二的制作技艺，它是技法的磨炼与实践，它的形成是劳作积累的结果，它代表了追求技艺精湛的态度。段玉裁注曰："引伸之凡善其事曰工。"《汉书·食货志》曰："作巧成器曰工。"《公羊传》何休注云："巧心劳手以成器物曰工。"在某种程度上，"巧"是工匠的代名词，能称之为工匠的人就是一个心灵手巧的人。

其次，"巧"构成了工匠区别于其他职业群体的鲜明特征。《荀子·荣辱篇》曰："农以力尽田，贾以察尽财，百工以巧尽械器，士大夫以上至于公侯，莫不以仁厚知能尽官职。"从事器械制造活动最需要的能力便是"巧"，所以为工必尚巧，它是工匠最基本的职业要求。《考工记》中判定手工制造优良的标准就在于"天有时，地有气，材有美，工有巧，合此四者，然后可以为良"。足可见古代对于手工技艺要求之高。工必尚巧，这一点在河姆渡文化时期也可体现。工匠用石、骨、象牙制成饰品，磨制净光，寓意深邃。譬如，工匠制作刻有花纹的骨笄，并佩以磨得光洁晶莹的美石质的玦、璜、珠等装饰品来固定头发，还用虎、熊、野猪、獐的牙齿做佩饰，特别是以鸟

---

[1]　（汉）许慎：《说文解字》卷五工部，中华书局 2012 年版。

为表现主题的工艺制品，不仅反映了河姆渡文化时期手工业的发展水平，更表明了一种构思严谨巧妙、技艺细腻娴熟的工匠精神。

再次，"巧"是工匠努力追求的重要美德。当人们赞美一个工匠时，经常会用"巧夺天工""能工巧匠""鬼斧神工""巧同造化"之类的词语来表达对工匠的赞美之情。"巧"是工匠努力追求的一个重要美德。在中国传统文化中，对于真善美的追求一直影响深远，这主要还是受到统治阶级思想即儒家思想的感染，将对"人之初，性本善"的理解应用到日常生活中。从最初的三皇五帝开始，中国文化一直受"圣人文化"的影响。从神农到黄帝，再到尧舜禹，这些中华祖先皆品德高尚、功勋卓著，于是这种原始文化和生活特性一直影响着后世精神文化的发展走向，"崇德尚贤"的观念最终成为早期工匠精神的源泉。《孟子·离娄上》就强调了"父子有亲、君臣有义、夫妇有别、长幼有序、朋友有信"的道德要求。中国传统文化强调最基本的精神是"做人"，而做人最重要的是有道德。"人之初，性本善"揭示出人最基本的道德就是善，这体现了中国传统哲学的人本主义思想，强调人是核心部分，人必须具备道德。成语"诸善奉行""为善最乐"中，"善"包含了道德的基本内涵，将"善"比作道德的最高境界。而这直接影响了后世中国文化和民族精神的发展。中国人强调的修身养性，就体现在日常的生活中，一个人只有通过日常生活的实践，才能提高自身的精神境界。故而我国古代工匠最基本的便是道德实践活动，艺术作品必须以"至善"为前提，即所谓"尽善尽美"①。

---

① 汤一介：《论中国传统哲学中的真、善、美问题》，《中国社会科学》1984年第4期。

最后，工匠要达到"巧"的境界，除了要有娴熟的手工技巧，还要具备"巧思"。工匠如果一直都墨守成规、单纯彼此模仿，古代中国是不会出现那么多极富智慧与创意的器物的。这些都依赖于工匠勇于打破传统、不断创造，同时工匠的很多创造都是在某方面有利于改变人们生活状况的。木匠鼻祖鲁班即最好的代表。他发明创造的铲子、曲尺以及画线用的墨斗等，不仅改变了当时人们做木器的方法，而且影响至今。中国古代工匠不单在技艺上登峰造极，在思想境界上更是令后人赞叹不已。工匠勤勤恳恳地工作，不断提升技艺，为社会创造出了极大的价值。

由此可见，"巧"并不只是一种简单模仿的手工操作技巧，它在本质上体现了创造性思维的特质。它要求人们敢于打破常规，别出心裁，不拘泥于传统。那些在中国历史上被称为"能工巧匠"的，不只是因为他们技艺熟练，更重要的原因在于他们身上所具有的创造性品质。奚仲因为造车而闻名于世。此外还有"虞驹作舟""仪狄作酒""夏鳐作城"等。这些工匠的创造发明，极大程度地改善了人们的生活条件，获得了民众的崇敬，甚至被奉为祖师爷予以纪念。创新对工匠来说是最核心的精神。对工匠而言，造物就是将自己的技艺、思考、情感等物化的过程，没有过硬的技术不足以成就精品，没有创新的精神不足以追求完美。创新对工匠而言就是一种不断挑战自我、挑战权威的过程。唯有变才是不变的唯一真理，古代工匠的大胆求索、力求创新的勇气和毅力，成就了中国的文明和辉煌，为世人留下了一件又一件传世佳作，谱写了不朽的中华文明。

（二）中华优秀传统文化中"求精"的工作态度，为工匠精神培育精益求精的工作精神

追求技艺的精湛与产品的精致细密是传统工匠精神的一大特点。《诗经·卫风·淇奥》曰，"如切如磋，如琢如磨"，描述了工匠在切割、打磨、雕刻玉器、象牙、骨器时，仔细认真、反复琢磨的工作态度。儒家借鉴了这一精神，将其作为治学和修身的方法。《大学》曰："如切如磋者，道学也；如琢如磨者，自修也。"朱熹进一步提炼出它的核心特质，"言治骨角者，既切之而复磨之；治玉石者，既琢之而复磨之，治之已精，而益求其精也"[①]。由此，产生了"精益求精"一词。由于它对为学、修身、做事所发挥的积极作用，使它因此获得道德意义，从而成为工匠所追求的一种重要美德。氏族部落用以象征地位的鸟形象牙凤雕，不仅要对天然材料进行加工，在加工过程中还要改变天然物质的物理性能和形式，刀法巧妙敏捷，线条简洁流畅，神态栩栩如生，极像展翅飞翔的鸟的剪影。如果不是专业工匠的精益求精，实在难以想象在原始文化遗产中竟有如此巧夺天工之物。曾侯乙编钟高超的铸造技术和良好的音乐性能，改写了世界音乐史；北宋徽宗时烧制的汝瓷，其釉如"雨过天晴云破处，千峰碧波翠色来"，被称为"纵有家财万贯，不如汝瓷一片"。工匠造物的每一道工序都是精细的、严谨的，直至精益求精地把其时间、思想及经验倾注于器物的细胞中，倾注于每一件器物之中，做到不偏不倚、形质兼美。这些巧夺天工的器物凝聚着我们中华民族祖先的聪明才智，是我

---

① （宋）朱熹：《四书集注》，岳麓书社 1985 年版，第 76 页。

国工匠技艺具有悠久历史的实物见证。

中国古代可以说是从中央到地方，对于制作以及质量都有严格的要求和把控。秦朝更是要求工师在传授技艺的同时，监督产品质量，并且为把控产品质量，制定了严格的奖惩制度。从《吕氏春秋·孟冬》中记载的"是月也，工师校功。陈祭器，按度程，毋或作为淫巧以荡上心，必功致为上。物勒工名，以考其诚，工有不当，必行其罪，以穷其情"①，可见当时对于质量的要求之严格。这样的严格要求，为工匠的行为提供了准则以及约束力，因此工匠在制作过程中都专注、认真，没有一丝一毫的懈怠。正是在这种精神的感召下，古代各朝代都能制作出众多名扬四海的珍品、精品，提高了古代中国在世界的影响力，缔造了灿烂的文化。

随着历史的演变、朝代的更迭，这种精益求精的工匠精神不断发展，古代中国也不断涌现出大批制作精美的手工艺制品。著名的苏州园林以其意境深远、构筑精致而著称于世，被称为"咫尺之内再造乾坤"。中国的丝绸、陶瓷等工艺品以其精湛的技艺远销欧亚，号称"丝绸之国""陶器之都"。至宋代，冶炼、建筑、织造、陶瓷、茶、酒等工艺技术水平已经达到了相当高的水平，民间的许多传统手工艺制作，比如，剪纸、年画、雕刻、泥塑等也以精巧而著称。这些产品和技艺的背后都凝聚着中国工匠精益求精的工作精神。

---

① 张双棣等译注：《吕氏春秋》，中华书局 2007 年版。

（三）中华优秀传统文化中道技合一的人生境界，为塑造执着专注的工匠精神提供基本要求

对技艺和作品精益求精的追求并不是那些高明工匠的真正目的。娴熟的技巧对他们而言，只不过是通往"道"的一种途径。他们希望通过手中的技艺领悟到"道"的真谛，从而实现人生意义的超越。一个作品，要想真正富有感染力，必须倾注匠人的生命感悟力，真正地表达情感、书写人文情怀、抽象匠人的精神世界。匠人的风骨就是作品的气质，作品的气质就是匠人的胸怀。一名出色的工匠要做到人与自然的和谐，只有这样才能创造出精妙绝伦的作品。对古代工匠而言，工匠精神的主旨是"道"，道即自然，自然即道，做任何事都要依据自然的规律与法则，只有这样才能真正地做到尽善尽美。

庖丁解牛就是体现"道"的典型例子。《庄子·养生主》曰："庖丁为文惠君解牛，手之所触，肩之所倚，足之所履，膝之所踦，砉然响然，奏刀騞然，莫不中音。合于桑林之舞，乃中经首之会。"梁惠王赞叹他精湛的技艺，而庖丁则回答说："臣之所好者，道也；进乎技矣。"这句话体现了庄子对于技艺的领悟，即技近乎于道、道艺合一的思想。也就是掌握了"以无厚入有间"的规律，即"道"，才会有游刃有余的技艺。这在庄子笔下并不在少数，如"轮扁斫轮""佝偻承蜩""运斤成风""大马捶钩""津人操舟"等，这些人的技艺可以说已经到登峰造极、出神入化的地步。通过技艺理解生活世界，最终可以使我们从"游于艺"的状态，达到"心合于道"的境界。

中国古代社会由于受到封建皇权思想——天子受命于天的影响，一直对自然心存敬畏，工匠虽然凭借自身精湛的技艺制作出不计其数的精品良作，但在心中始终保持着对自然的敬畏，对作品更加虔诚，他们认真钻研，把全部的心血倾注在作品上。更为关键的是他们始终都保留着匠人所应具备的一颗匠心，在创作过程中不仅遵循自然规律，而且与实际需要相结合，制作出许多非常实用的作品。作为社会的一个群体，他们还有为社会的发展与全体人民的权益做出有益贡献的家国天下心。墨家的"必兴天下之利，除天下之害"思想就直接体现了塑造工匠精神的基本要求。唯有国家安定团结，人民才会生活得幸福平安。中国古代主要受到儒家思想的影响，儒家提倡"仁、义、忠"思想，这些基本就是古代的工匠精神在伦理道德方面的集中体现。我国历史上最早的一部关于手工艺行业的制度汇编专著《考工记》，它将工匠分为30个工种。不仅对工匠的种类做了完备、详细的描述，而且承认工匠的社会地位，对工匠这一职业表示崇敬。

一方面，这个职业群体不仅开始追求特定的知识和技能，也开始追求威望、信任度，遵循特定的道德观念。工匠这一职业团体以儒家仁、义、礼、智、信等作为道德教育的核心，推崇三崇、五行、六德。正如《左传·文公七年》中所记载的："六府、三事，谓之九功。水、火、金、木、土、谷，谓之六府。正德、利用、厚生，谓之三事。""正德"置于首位，与"利用""厚生"成为古代工匠的职业道德规范。《墨子·尚贤上》记载"兼士"必须符合三条标准，即"厚乎德行""辩乎言谈""博乎道术"，要做到"有力者疾以助人，有财者勉以分人，有道者劝以教人"，"利人乎即为，不利人乎即止"。这种道德价值观，作为古代社会职业的道德评价标准，也得到工匠的认同。因此，"崇德尚贤"成为中国工匠精神的伦理走向。

　　另一方面，对于工匠的职业表征，德行需要技能的陪衬，技艺的极致是传统工匠的毕生追求。《考工记》中记载，战国时期，编钟极其精致，可以做到"圜者中规，方者中矩，立者中悬，衡者中水，直者如生焉，继者如附焉"。《天工开物》记载的古法造纸被称为活化石，书中详细描绘了造纸的17道工序。总之，我国古代工匠不仅具备追求技术极致的基本素养，更重要的是他们追求德艺兼修工匠精神的初心未变。

　　中国古代工匠拥有匠心，为古代中国发明制作出数不胜数的精品，更是将中国的优秀文化传播到世界各地，这一颗颗匠心充分体现了工匠对制造的虔诚、对大自然的敬畏以及对自我的严格要求。中国文化一直都在强调道德精神的重要性，这一种道德精神是对做人的理想标准的追求，更是中国人所渴望到达的一种"理想人格"。[1]中国古代工匠正是以这种精神为准则，强调必须以遵守道德为前提，工匠精神是德与艺的统一，这一精神铸就了古代中国技术发展的先进水平，创造出了领先世界的精湛工艺。这在古代中国对世界的影响中也起到关键的作用。工匠在对"巧"的领悟和追求中逐渐提高自身的技艺并发展了相关的职业，在追求更高层次的"道"的过程中学会了巧干，懂得将自身的技术与自然的规律结合在一起，在社会层面更加认识到要用自己的技艺造福百姓，以此获得职业满足感与认同感。在这种"巧"与"道"、"技"与"德"相统一的指引下，中国古代的工匠精神得到了充分的发展。

---

[1]　钱穆：《中国历史精神》，九州出版社2012年版，第121页。

二、工匠精神涵养于革命文化

在新民主主义革命时期，中国共产党在继承吸收中华优秀传统文化的基础之上，结合民族独立的呼唤与中国社会发展的需要，培育创造出独有的革命文化形态，表现出了中国共产党与中国人民伟大的革命斗争精神，成为中华民族最为独特的政治文化与精神标识。在风雨如晦的旧中国进行反帝国主义反封建主义的浴血奋战中，因为革命斗争的具体目标、工作任务、发展进程以及历史、地理、人文等客观条件的不同，诞生了内涵丰富、特征鲜明的革命精神，如不畏艰险、敢于胜利的井冈山精神，信念坚定、持之以恒的长征精神，天下兴亡、匹夫有责、舍我其谁的抗战精神，全心全意为人民服务的延安精神，以及忘我劳动、勇担使命的劳模精神等。而具有无产阶级和社会主义性质的工匠精神在这些革命文化的滋养下发展延伸。在中国共产党带领中国人民进行的新民主主义革命中，涌现出为民族独立和人民解放而辛勤付出、无私奉献甚至牺牲生命的工匠。他们爱国敬业、敢于牺牲、甘于奉献、勇于创新，在革命斗争中谱写了一首又一首动人心弦的赞歌。在革命实践锻造中和革命文化滋养下的工匠精神，实现了对传统工匠精神的继承和超越，赋予其革命性内涵。工匠精神是劳动人民的一种创造精神，是工人阶级身上表现出来的先进精神，是一种具有社会、政治属性的革命精神。

（一）革命文化中的群众劳动观念深化工匠精神认识

马克思主义唯物史观肯定了人民群众作为历史创造者的主体地位，人通过劳动创造着社会物质财富与精神财富，并且根据时代需求，持续变革着社会生活的内容与形式。中国共产党从建立之日起，就坚定地以马克思主义理论作为根本指导，以维护人民利益为至上原则，毫无个人私利。"作为工人阶级的先锋队，它的全部活动都是为了工人阶级和人民群众谋利益的，是为他们的解放事业服务的，因此，它敢于相信和依靠群众。"①相信群众与依靠群众的具体行动表现为发动群众、开展群众运动。在这样一种密切联系群众的政治路线与文化氛围之中，发源于中央苏区的劳动竞赛活动就是一场典型的群众运动，是中国共产党发动群众、教育群众、团结群众的工作方法，体现了毛泽东同志总结的一切为了人民群众、一切向人民群众负责、相信群众能够通过劳动自己解放自己以及向人民群众学习的观点。毛泽东同志等人提倡和鼓励劳动。在实践中毛泽东同志主张"教育与生产劳动相结合"，强调教育不能脱离生产劳动的实际需要；倡导通过教育为社会主义培养劳动人才，并提出"教育必须为无产阶级政治服务"，劳动化和知识化一样重要。毛泽东同志强调干部也是普通劳动者，要求干部必须参与劳动，还要注重人民军队在劳动生产中的重要作用，主张人人都要劳动，劳动平等。

工匠精神是广大劳动群众在从事社会生产的劳动实践中锤炼形成的，而新民主主义革命时期号召人民群众通过劳动开展运动的举措，逐渐形成了热爱劳动、投入劳动的劳动精神。而工匠精神是对劳动精神的升华。人民创造历史从根本上看是劳动创造历史。人类在改造自然的伟大斗争中，不断认识自然的客观规律，通过在劳动实践中不断积累实践经验与技能，从而推动历史进步和创造更为丰富的社会财

---

① 胡绳主编：《中国共产党的七十年》，中共党史出版社1991年版，第36页。

富。革命需要广大劳动人民团结起来一起努力。正如习近平总书记所说，"用辛勤劳动创造中国人民的美好生活、创造中华民族的美好未来"①。

人民在创造历史的同时，也在创造自我。通过劳动实现自我价值或人生价值是工匠精神的本质内涵。劳动是人类赖以生存的根本，同时也为个人提供了实现人生价值的舞台和空间。习近平总书记指出："劳动是财富的源泉，也是幸福的源泉。人世间的美好梦想，只有通过诚实劳动才能实现；发展中的各种难题，只有通过诚实劳动才能破解；生命里的一切辉煌，只有通过诚实劳动才能铸就。"②一个人只有通过诚实劳动，才能为社会创造物质财富与精神财富，才能得到他人和社会的认可与褒奖。与此同时，实现自我人生价值目标而产生的幸福感和愉悦感，会进一步激发劳动者的创造激情，从而为社会和他人创造更为丰富的财富。习近平总书记指出："一切劳动者，只要肯学肯干肯钻研，练就一身真本领，掌握一手好技术，就能立足岗位成长成才，就都能在劳动中发现广阔的天地，在劳动中体现价值、展现风采、感受快乐。"③工匠精神首先就是热爱劳动、专注劳动、以劳动为荣的精神。在劳动中体验和升华人生意义与价值，是工匠精神的题中应有之义。在革命文化的滋养和感召下，各行各业都涌现出开始发挥自己专长的能工巧匠，在不同行业发挥重要作用。

---

① 习近平：《在二〇一九年春节团拜会上的讲话》，《人民日报》2019 年 2 月 4 日。
② 《习近平谈治国理政》，外文出版社 2014 年版，第 46 页。
③ 习近平：《在庆祝"五一"国际劳动节暨表彰全国劳动模范和先进工作者大会上的讲话》，《人民日报》2015 年 4 月 29 日。

（二）革命文化与革命事业需要弘扬工匠精神

李富春同志指出："千千万万的人民的事业，是需要很多人民中的积极分子去领导的。"①而工匠是这千万人民中的一个特殊群体，工匠要发挥自己的特殊技能，为革命事业做贡献。在新民主主义革命时期涌现出的一些工匠，不仅用自己特殊的技能为革命破解难题，而且在这一过程中形成的自力更生、艰苦奋斗等革命精神也激励其他工匠不断进取。例如，当时在苏区革命根据地，由于当时敌人严密的经济封锁，革命根据地食盐供应非常困难，严重影响了军民生活。为破解该难题，党和政府发动群众，大力开展熬硝盐运动。硝盐是用厕所、厨房的墙土熬制而成的，主要分过滤、熬卤、分解三步，在当时艰苦的环境下，开展其中的每一步都极不容易，尤其第三步中对分解的技术要求较高，群众不断进行钻研琢磨终于取得成功，虽然熬制的硝盐吃起来有些苦涩，但起到了应急的作用。

在这个过程中，涌现出了熬制硝盐的模范区和技术能手。其中于都岭背区的熬硝盐技术最为老到，闽浙赣苏区建造的熬盐厂数量最多，甚至有些区、乡已经完全做到食盐自给，并且还能出售一部分，这是江西省历史上第一次大规模的食盐生产，是中共苏区军民自力更生、艰苦奋斗的生动剪影，更是工匠精神在那个年代的生动体现。土地革命时期，全国革命根据地内的军需工业、厂矿企业也都自力更生，自己织布、自己制药、自己制糖；抗日民主根据地建立后，在面对各地建设问题时，也通过开展自力更生的大生产运动来提高劳动者

---

① 晋察冀新华书店：《怎样开展劳动模范运动》，国家图书馆新善本1945年版，第11页。

劳动效率。在革命过程中形成的刻苦钻研、技术革新的革命精神感召下，广大人民群众纷纷动员起来，人民认识到革命需要生产，而生产就是为了革命，生产本身就是一种革命。

（三）革命文化中的新道德观净化劳动观念，赋予工匠精神新内涵

在旧中国，长期的封建剥削压迫在人民群众中形成了一些"劳动低下""劳动受穷"的错误思想与宿命论，致使一些群众不能积极面对劳动与工作。人民群众在中国共产党的带领下建立了革命根据地，封建剥削生产关系与制度已经被基本消灭，通过劳动来发动群众、教育群众，从思想上铲除封建剥削思想就显得尤为重要。革命文化中的新道德观有一个很重要的部分，就是新劳动观。新劳动观主张让以往受压迫、受剥削的群众认识到，劳动不是压迫、剥削，而是为了我们所拥有的这个新世界，我们通过劳动成为自身的主人。这种思想风气、社会风尚的转变，是新劳动观积极作用的直接表现，也逐步净化、升华并赋予工匠精神以革命性的内涵。

千百年来工匠以业维生，并以技艺为立身之本，无私地奉献自己的全部心血，提高和完善自己的技艺，创造了灿烂的工匠文化。然而几千年来从事技艺劳动的各种工匠，其社会地位并不高。1934年，刘少奇同志在《用新的态度对待新的劳动》一文中指出："国有企业与合作社企业中的工人、职员们！你们该记着，你现在再不是为地主资本家而劳动了，而是为工人阶级自己、为人类的最后解放而劳动着。这种劳动性质的变换，是我国历史未曾有过的最大变换，你们应该用新的态度来对待新的劳动。"[1]

---

[1] 《刘少奇选集》（上），人民出版社1981年版，第20页。

革命文化在道德观上将"劳动低下"转变为"劳动光荣",将劳动受穷转变为劳动致富,堪称劳动观念上思想革命。劳模评比活动与劳模精神的弘扬从行动上将这一思想革命现实化与行动化。中国共产党在开展劳动竞赛的活动中,在评比树立劳动模范的过程中,通过对劳动模范的表扬与奖励,给予劳动模范很高的荣誉,使他们成为人人尊敬的英雄人物。《陕甘宁边区第一届劳动英雄代表大会宣言》情真意切地说出了劳动模范的心里话:"在旧社会里,咱们受苦人是被人看作牛马的,可是现在劳动却变得光荣了。自从共产党领导咱们闹革命、打日本、发展生产,咱们才翻了身,不受人压迫,还做到丰衣足食,有食有穿,现在又当上了劳动英雄处处受人尊敬。"① 而工匠精神是劳动精神的升华,与劳模精神相辅相成,是激励自我超越的精神。劳动最崇高,劳动最光荣,在平凡的岗位干出不平凡的业绩,就是工匠精神的体现,这就是在新民主主义革命时期,在革命文化感召下,工匠精神革命性特点的具体表现。

可以说,在革命文化的熏陶与培育下,工匠精神得到滋养和感召,从而促使一些有技能的人才涌现,他们将艰苦奋斗、自强不息、技术革新的工匠精神印刻在血脉之中,并通过现实的劳动不断地外化为具有强大感染力的主人翁责任感、不懈拼搏的劳动干劲、不断进取的技术创新。新民主主义革命的历史,不仅是劳动群众的革命奋斗史,也是工匠精神的锻造史。在实现民族独立、人民解放的革命事业中,我们看到了工匠精神焕发出的耀眼光辉。

---

① 《陕甘宁边区第一届劳动英雄代表大会宣言》,《解放日报》1943 年 12 月 17 日。

三、工匠精神升华于社会主义先进文化

习近平总书记指出："在5000多年文明发展中孕育的中华优秀传统文化，在党和人民伟大斗争中孕育的革命文化和社会主义先进文化，积淀着中华民族最深层的精神追求，代表着中华民族独特的精神标识。"[1] 革命文化使在积贫积弱的旧中国受尽屈辱的人民重振文化自信的风尚，吹响文化自信的号角，而社会主义先进文化则迎来了中国人民文化自信绚烂的绽放。中华优秀传统文化是工匠精神在文化自信上的根基，革命文化对工匠精神进行了滋养。而自新中国成立以来，尤其是改革开放以来所形成的社会主义先进文化，继承和发扬了中华优秀传统文化以及优良的革命文化，具有古老而新鲜的血脉。社会主义先进文化与时俱进，升华了工匠精神，是工匠精神新生的脉冲。

（一）社会主义先进文化建立工匠精神的价值认同

精神的意义在于感召，而精神之所以有感召力量，就在于它有一套强大而自恰的价值认同。工匠精神也是如此。工匠精神的价值认同是建立在社会主义先进文化体系下的。随着西方思潮纷纷涌入中国，中国的思想领域呈现多元多样趋势，各类社会思潮洪波涌起，互相碰撞。一方面体现了文化的活跃，另一方面也要求在思想文化上进行主流意识形态建设来加以引领。社会主义先进文化是引领多元思潮的主流文化，也是中国人民最广泛的肯定、接受与认同。

社会主义先进文化在继承马克思的"生产力中也包括科学"[2]基础

---

[1]　习近平：《在庆祝中国共产党成立95周年大会上的讲话》，《人民日报》2016年7月2日。

[2]　《马克思恩格斯全集》（第46卷）（下），人民出版社1980年版，第211页。

上，提出了"科技是第一生产力"的科学论断，从而使科学技术与人类劳动更加紧密地联系起来。在劳动中，科学技术与科学知识武装了劳动者的头脑，提高了劳动者的生产技能与科学文化素质。劳动者又将所掌握的科学技术融入生产工具的升级开发之中，进一步解放生产力、发展生产力。社会主义先进文化在科技与劳动关系的价值认同上扩充了工匠精神的思想内涵，即工匠精神既要有专心致志、坚持不懈的拼搏干劲，也离不开精益求精、如琢如磨的科技创新。

工匠精神在"以辛勤劳动为荣，以好逸恶劳为耻"的社会主义荣辱观中，在"爱国、敬业"的社会主义核心价值观中得到本质体现，工匠精神具体化、现实化为人们身边的价值认同，使"劳动最光荣、劳动最崇高、劳动最伟大、劳动最美丽"①的劳动精神蔚然成风。在社会主义发展实践与先进文化的伟大建设中，在阶级社会里被扭曲的劳动观都得以正本清源，所有在阶级社会中被轻视的劳动者和被侮辱的劳动者都得到了应有的尊重与鼓励。"在我们社会主义国家，一切劳动，无论是体力劳动还是脑力劳动，都值得尊重和鼓励；一切创造，无论是个人创造还是集体创造，也都值得尊重和鼓励。"②工匠精神强调崇尚劳动，社会进步和国家富强需要依靠人们具体的劳动。

（二）社会主义先进文化为工匠精神注入创新的动力基因

创新是一个民族的灵魂，也是一个民族发展的不竭动力。是否具备创新能力更是检验一种文化是否先进的一个重要标准。社会主义先

---

① 习近平：《在庆祝"五一"国际劳动节暨表彰全国劳动模范和先进工作者大会上的讲话》，《人民日报》2015 年 4 月 29 日。
② 习近平：《在庆祝"五一"国际劳动节暨表彰全国劳动模范和先进工作者大会上的讲话》，《人民日报》2015 年 4 月 29 日。

进文化的先进性也来自其具备的核心创新力或原创力。与中华优秀传统文化和革命文化相比较而言，社会主义先进文化的创新更为全面，涵盖了理念、内容、形式、体制以及传播手段等多方面，这体现了社会主义先进文化更为彻底的文化自觉。

文化氛围与社会环境是工匠精神进一步升华的积极影响因素。在落后的剥削腐朽文化影响下，劳动人民和剥削者一样轻视劳动。然而在革故鼎新的先进文化之中，劳动者能够自觉地将人生理想、家庭的幸福美满融入国家富强、民族复兴的历史伟业之中，并从中感受到无上的光荣与快乐。也正是在社会主义先进文化的影响下，在以创新为导向的时代氛围之中，工匠精神被注入了更为全面、更为自觉、更为自信的创新动力因素，具体表现为现代化劳动中人的创造性被不断地激发。劳动是人类特有的活动，创新是在劳动过程中所特有的属性，创新性的劳动能够更为有效地推动社会发展。

进入新时代，习近平总书记强调"深入实施科教兴国战略、人才强国战略、创新驱动发展战略，把提高职工队伍整体素质作为一项战略任务抓紧抓好"，"实施职工素质建设工程，推动建设宏大的知识型、技术型、创新型劳动者大军"。[1] 这表明，创新并非"劳心者"的专利，任何劳动者在劳动实践中都能够凭借自身的聪明才智和国家的扶持创造出有利于社会、有利于人民的成果。"大众创业，万众创新"，在生产劳动各条战线上的劳动者都形成了相对成熟的创新意识，他们敢于创新、勇于试错、恒于坚持。相应地，国家也为劳动者

---

[1]　习近平：《在庆祝"五一"国际劳动节暨表彰全国劳动模范和先进工作者大会上的讲话》，《人民日报》2015 年 4 月 29 日。

创新提供良好的平台与宽松的环境。在2020年的政府工作报告中对鼓励创新的政策进行了重申，"深化新一轮全面创新改革试验，新建一批双创示范基地，坚持包容审慎监管，发展平台经济、共享经济，更大激发社会创造力"①。

（三）社会主义先进文化使工匠精神更具广泛性和凝聚力

人民群众是历史的创造者和推动者，这既是马克思主义群众观的重要内容，也是中国共产党群众路线的基本内涵与根本依据。因此，社会主义先进文化的创造主体是人民群众。人民群众在推动社会主义发展的过程中，既贡献了物质财富，也创造了精神力量，成为社会变革的决定力量。毛泽东同志强调："人民，只有人民，才是创造世界历史的动力。"②习近平总书记指出："人民是创造历史的动力，我们共产党人任何时候都不要忘记这个历史唯物主义最基本的道理。"③ 正是在秉持人民立场的社会主义先进文化中，文化规律与劳动规律才得以被最合理地遵循。中国共产党在社会主义先进文化的建设中，在劳动精神的弘扬中，始终坚持人民主体地位，充分尊重人民的意愿表达，珍视人民积累的劳动经验，保护人民创造的积极性与首创权利。中国共产党始终以人民为师，向人民中的能工巧匠求教，从对劳动者劳动创造的尊重中培育出最广泛的凝聚力，将人民群众紧密地团结在社会主义建设事业中，凝聚在社会主义的劳动实践里。

随着时代的变迁和社会的进步，现代意义上的工匠精神不仅是手

---

① 《李克强作的政府工作报告》（摘登），《人民日报》2020 年 5 月 23 日。
② 《毛泽东选集》第 3 卷，人民出版社 1991 年版，第 1031 页。
③ 《习近平总书记系列重要讲话读本》，学习出版社、人民出版社 2016 年版，第 128 页。

工业者的价值追求，更是千千万万的普通劳动者的行为理念。人有工作之别，但无贵贱之分。在守得住寂寞、耐得住清贫的基础上与时俱进，创新不止，人人都能成为工匠精神的传承者。对此，我国开始在各个行业开展技术革新运动和先进生产者运动，此间涌现出了一大批优秀的工匠，他们爱国敬业、刻苦钻研，积极从事技术革新和发明创造，推动社会发展。例如，鞍钢北部机修厂工具车间刨工、有"走在时间前面的人"之称的王崇伦，1953年，他相继改进成功7种工具、卡具，发明了"万能工具胎"，将车床加工功效提升六七倍，用一年时间完成了几年的生产任务，成为全国最先完成第一个五年计划的一线工人。20世纪60年代初，王崇伦主动请缨，和同事们在设备简陋的车间里搞技术革新。在他的带领下，由500多名干部、技术人员组成的团队联合攻关，历时一年，先后突破十几项重要技术难题，实现100多项革新，终于成功试制出大型轧辊等一些过去依靠进口的设备，填补了我国冶金史上的空白。

年轻的王崇伦进入鞍钢轧辊厂工作，成为一名刨工

　　改革开放后，在科技创新的助推下，工匠用自己的实际行动积极践行工匠精神，诸如高铁工人、特高压电网工人等群体向人们诠释着"工匠"的精髓和实质，北京交通大学教授高亮就是其中的一位。这位获得2018年度何梁何利基金科学与技术进步奖、2017年国家科技进步一等奖的铁道科学家，脚踏实地做好科学研究，领着一支年轻团队突破一项项核心技术，用初心与坚守当好高铁"铺路人"。

　　提起高亮，不能不提到一项核心技术——无缝线路（无缝钢轨）。无缝线路是铁路技术进步的重要标志，是轨道结构近百年来最突出的改进与创新之一。尽管国内外早已开始研究无缝线路，但大多针对普速、有限长的无缝线路。针对我国气候及地质环境的复杂性，保证高速铁路几百公里甚至几千公里无缝线路的强度、稳定性、平顺性，成为中国高铁要独自面对的挑战，这也是一个世界级难题。为此，高亮和团队成员在国内外专家研究的基础上，结合我国铁路6次大提速以及高铁建设的重大需求，承担了当时铁道部的大量课题。他对团队成员说得最多的一句话就是："我们的工作必须脚踏实地，来不得半点疏忽。"高亮团队始终坚持脚踏实地、自主创新、艰苦奋斗，产学研用联合攻关，用脚步丈量祖国大地，实现了多项核心技术突破。几十年来，高亮率领团队创立"列车—无缝线路—无砟轨道—下部基础空间耦合分析理论"，解决了高速铁路大号码道岔无缝化、高架站上铺设无缝线路等重大科学难题，形成了我国自主知识产权的无缝线路理论及技术体系，为我国高铁大规模建设、安全运营提供了重要的理论和技术支撑。这些成果作为我国高铁的核心技术，几乎在国内所有高铁建设中得到了成功应用，还广泛应用于土耳其、沙特阿拉伯、伊朗等国的铁路建设，为我国高铁"走出去"打下了坚实基础。

高亮荣获何梁何利基金科学与技术进步奖

在社会主义先进文化的视域里，工匠的概念是一个包容性很强、黏合力很大、认同感很深的概念。随着社会的发展、社会分工的逐渐细化、人们对劳动概念认识的更新与加深，工匠的行业领域不断丰富。大国工匠的形象既平凡，又高大。不论劳动是体力的还是脑力的，不论劳动本身是简单的还是复杂的，只要在各自的领域是佼佼者，只要是为社会主义现代化建设做出了重要贡献，就应该得到承认，赢得尊敬。工匠精神人人"心向往之"，却绝不止于"高山仰止"。成为大国工匠与践行工匠精神应该成为每一个劳动者努力和追求的方向。

第三节 工匠及工匠精神的实践发展

工匠精神属于上层建筑范畴，具有时代性和历史性，是一个动态发展的概念。伟大精神的产生、发展必然以伟大的实践为现实土壤，工匠精神也是如此。工匠精神根植于中华优秀传统文化，而近代以后，在中国共产党领导的革命、建设和改革的实践过程中，传统的工匠精神不仅得到了传承和发展，而且与时俱进，形成了新的时代特色和意蕴。对此，通过对我国工匠不同时期的实践进行梳理，能够进一步深化对工匠精神的认识，从而进一步理解工匠精神的历史发展脉络。

一、革命和建设中的工匠精神

近代以来，人民群众遭受帝国主义、封建主义和官僚资本主义三座大山的压迫和剥削，在精神上处于被动状态。包括工匠在内的广大劳动群众陷入悲惨境地，工匠精神难以得到彰显和弘扬，处于衰弱状态。1921年中国共产党成立后，带领人民找到了救国之路，取得了新民主主义革命胜利，建立了新中国，并带领人民进行社会主义建设。在中国革命和建设的实践过程中，人民群众的劳动观念发生变化，纷纷自觉自愿地投身革命和生产建设，不断涌现出能手工匠，他们"为革命生产劳动、为革命拼命献身、为革命苦干巧干"的精神，对生产力水平的提高、人民的团结具有重要引领作用。

（一）工匠精神内置于弘扬劳模精神之中

革命时期，工匠精神主要体现于弘扬劳模精神的过程。在社会主义制度下，人民是国家与自己的主人，主人翁责任感是"劳动光荣"观念的思想基础。对劳动者的激励可以分为外在的物质激励和内在的精神激励，两种激励对于劳动者的发展都很重要。必要与合理的物质激励是劳动者生存发展的物质基础，必不可少。不过物质激励终究是有限的，相比之下，内在的精神激励则具有更高的层次。因为人的精神世界是无限丰富的，所以内在的精神激励具有更为持久的激励作用。1934年1月，毛泽东同志在中华苏维埃共和国中央执行委员会与人民委员会对第二次全国苏维埃代表大会的报告中写道，"提高劳动热忱，发展生产竞赛，奖励生产战线上的成绩昭著者，是提高生产的重要方法"[1]。

列宁说过，"没有年轻一代的教育和生产劳动相结合，未来社会的理想是不能实现的，无论是脱离生产劳动的教学和教育，或是没有同时进行教学和教育的生产劳动，都不能达到现代技术水平和科学知识现状所要求的高度"[2]。毛泽东同志作出了"知识分子劳动化，劳动人民知识化"[3]的科学论断。中共中央、国务院在1958年颁布的《关于教育工作的指示》中对此作出了具体规定，即"党的教育工作方针，是教育为无产阶级政治服务，教育与生产劳动相结合"。[4]

---

① 《苏维埃中国》，中国现代史资料编辑委员会翻印1957年版，第296页。

② 《列宁全集》第2卷，人民出版社1984年版，第461页。

③ 《毛泽东选集》第3卷，人民出版社1991年版，第18页。

④ 何东昌主编：《中华人民共和国重要教育文献1949～1997年》，海南出版社1998年版，第859页。

毛泽东同志始终认为劳动是改造人最好的方式，是克服领导干部"骄娇二气"、脱离群众最直接的方式，是密切与人民群众血肉联系、与群众同甘共苦最直接的方式。1957年5月15日《人民日报》刊登《中共中央关于各级领导人员参加体力劳动的指示》，将干部参加劳动作为一项严肃的制度确定了下来。革命时期，表彰劳模和弘扬劳模精神是党和国家对劳动者最高级别的精神激励，是要将人民群众蕴含着的伟大力量激发出来，调动自身的主动性与积极性，动员群众自觉参与社会主义劳动，在提升社会生产力的同时达到自己解放自己的目的。

我国的劳模最早诞生于土地革命战争时期中央苏区的公营企业和革命竞赛中，而后出现在抗日战争时期的陕甘宁边区大生产运动和各项建设中。[①] 工匠精神在革命时期就内置于表彰劳模和弘扬劳模精神的过程之中。20世纪30年代，由于日本帝国主义和国民党反动派的封锁，党领导的陕甘宁边区政府在经济上面临着巨大的困难。自力更生，发展生产，打破敌人的封锁，成为当时边区的紧迫任务。在党的领导下开展了"新劳动者运动""增产立功运动"，争当"增产立功"的"新劳动者"成为边区工人的响亮口号和奋斗目标。抗日战争时期，陕甘宁边区大搞生产运动，涌现出一批劳模。

"1939年秋天，赵占魁同志就被陕甘宁边区政府树立为模范工人，当时他在农具厂做化铁工作，之后任翻砂股股长并多次受奖。"[②] 1942年，陕甘宁边区总工会开展了"赵占魁运动"，"当时赵占魁在农具厂亲自领导这一运动，任'赵占魁运动委员会'主任，

① 高爱娣：《弘扬劳模精神发挥劳模作用》，《工会博览》2016年第5期。
② 姚荣启：《抗战时期大生产运动中工人的旗帜赵占魁》，《工会信息》2016年第17期。

获得很大成绩"[①]。1943年，赵占魁被评为边区特等劳动英雄。赵占魁被评为劳动模范后更加谦虚，对党无比热爱，一句"我是一个党员，不能叫人家因为自己不好说党的坏话"诠释着他对党的无比忠诚。工人劳模赵占魁常说，我们不但要完成更要突破生产计划，打仗和做工都是为了革命。陕甘宁边区号召职工不仅要在技术上、生产上学习赵占魁，而且要在政治上、思想上学习赵占魁。赵占魁这种爱岗敬业、琢磨技艺、勇于奉献的精神，实际上就是一种工匠精神。

边区特等劳动英雄赵占魁

抗日战争时期新四军兵工事业的创建者吴运铎身上所表现出来的刻苦钻研、不断革新的精神也是工匠精神的具体体现。他用一生的行动诠释了对党和国家的忠诚。从抗日战争时期到解放战争时期，再到新中国成立后，吴运铎在不同的岗位上为我国的兵工事业做出了重要

---

① 岳谦厚、刘威：《战时陕甘宁边区的劳动英模运动》，《安徽史学》2011年第1期。

新四军兵工事业的创建者吴运铎

贡献。他抢挑最重的担子，敢啃最硬的骨头，遇到危险总是冲在最前面。在战争年代，兵工生产条件极其简陋。把水井的辘轳固定在一个支架上，井绳上吊一块100多公斤的铁疙瘩，就成了锻打枪体、炮弹壳的"手摇汽锤"；在磨粮食的石磨轴上，套一条粗布缝制的传送带，就成了"人推发动机"；将手电筒灯珠磨出一个口往里面塞火药，一通电就成了"电发雷管"……就是在这样的"铁匠铺"里，吴运铎等人建成了我军第一个军械修造车间，并首次制造出步枪和第一批平射炮、枪榴弹；制造出42厘米口径、射程可达4公里的火炮；研制了拉雷、电发踏雷、化学踏雷、定时地雷等多种地雷；在只有8个人的条件下，年产子弹60万发……在吴运铎的兵工生涯中，他带领职工自制枪弹，在生产与研制武器弹药中多次负伤，失去了左眼，左手右腿致残，经过20余次手术，身上留有几十处弹片，但他仍以顽强毅力坚持战斗在生产第一线，进行了无数次发明创造，为提高部队火力做出了突出贡献，在他身上充分体现了一种勇于奉献、勇于探索、善于创新的精神品格。

　　解放战争时期，中国共产党及时将新解放区里原先国统敌占的城市工厂转变为公有制性质的企业，调整了原有生产关系，这极大地调动了劳动者的生产积极性，刺激了生产力的发展，激励了劳动者为人民解放事业增产立功。1947年2月7日，《解放日报》发表的《中国工人阶级今天的任务》中指出："解放区的工人阶级必须要担负起党在当下的中心任务，迎接中国革命的新高潮，实现自卫战争的胜利。兵工厂要开展新英雄主义竞赛，生产的工人要积极参加生产斗争，多造枪支弹药。铁路工人、运输工人、手工业工人和雇工等都应该为加强解放区各方面的力量而立功。"[1] 1947年5月1日，《人民日报》发表社论总结了自"二七"社论发表之后增产立功运动取得的成绩与经验，提出"要更大的发挥我们工人阶级的革命精神，使我们在爱国自卫战争中能够功上加功"[2]。

　　解放区开展了增产立功运动，运动期间各厂提出了"打败蒋介石支援前线、打败蒋介石立大功，完成计划为民立功"[3]的口号，工人们制订学习工作计划，全体职工制订全面提高计划，把最大的热情投入生产。在制订计划运动后，又开展了记功表功争做工匠模范的活动。工厂里的工会领导通过检查、总结，记录全厂员工在增产立功运动期间计划的完成情况。为鼓励大家的生产热情，对于劳动模范，厂里通

---

① 钟明：《中国工运大典》（上卷），中国物资出版社1998年版，第624页。

② 中华全国总工会中国职工运动史研究室：《中国工会历史文献》，工人出版社1985年版，第152页。

③ 山西省地方志编纂委员会编制：《山西大事记》，山西人民出版社1987年版，第296页。

过黑板报、立功广播台及时公布与表扬，工人们争先恐后争做模范。在抗日战争和解放战争时期，这些先进模范人物以新的劳动态度对待新的劳动，积极参加义务劳动，全力支援前线斗争，带动人民群众投身中国共产党领导的人民解放事业。

这一时期，对劳动模范的评选表彰人员中就有工匠的身影。通过表彰奖励，极大地调动了军民斗争、工作、生产的主动性和积极性，在群众中树立了"劳动光荣、劳动致富"的价值观念，不但推动了生产建设事业和各项工作的大发展，改善了军民的生活，提高了军事素质和工作效率，还创新了生产组织形式和工作方式，密切了军民关系、干群关系、党群关系，增强了劳动人民的团结，并为党领导下的新民主主义革命取得胜利、建立新中国做出了重大贡献。

（二）彰显精益求精的品质精神

新中国成立后，工人阶级和广大农民实现了政治和经济上的翻身，获得了主人翁和当家作主的地位，心中充满了感恩和报效国家的劳动热情。20世纪50年代的中国百废待兴，为使国民经济尽快恢复，更好地建设社会主义，党和国家在总结革命战争时期经验做法的基础上，积极开展了大规模的社会主义工业化建设。尽管我国工业化进程面临重重困难和挫折，但我国在推进工业化进程中也取得了一些举世瞩目的成绩，各行各业都涌现出一大批彰显工匠精神的优秀员工。无论是木匠、泥匠、雕匠、鞋匠、石匠，还是科学家、技术人员等，他们都在平凡的岗位上为社会主义革命和建设事业添砖加瓦，他们不畏艰难、爱岗敬业、甘于奉献，实实在在为人民服务。

这一时期，一大批普通劳动者继承中华民族从古至今一直倡导的艰苦创业、无私奉献精神，随着工匠身份和劳动方式的转变，精益求精的品质通过技术生产表现出来，打造精美产品，技术臻于完美。例如，纺织女工郝建秀，始终对自己高标准、严要求，摸索出"细纱工作法"，经全国推广后大大提高了我国纺织工人的工作效率。铁人王进喜是一个把平凡的工作、甘于奉献精神与建设祖国密切联系在一起的典范。在中华人民共和国诞生不久的日子里，目睹列强的经济封锁，面对国家百废待兴、国民经济发展急需石油的严峻形势，以王进喜同志为代表的中国石油工人，立誓"早日把中国石油落后的帽子甩到太平洋里去"，以"宁可少活20年，拼命也要拿下大油田"的英雄气概，"有条件要上，没有条件创造条件也要上"，终于拿下了储量丰度高、含油范围广的大庆油田。王进喜带领的1205钻井队仅用124小时就打完了大庆第一口油井，创造了当时钻井速度的最高纪录。他把自己毕生的精力奉献给了中国的石油工业，彰显了爱国家、爱人民的政治本色和忠于职守、坚守岗位的职业操守和崇高的精神境界。

科学技术是第一生产力，科学技术的进步对劳动具有极其重要的作用。马克思在《资本论》中强调："生产劳动同智育和体育相结合，它不仅是提高社会生产的一种方法，而且是造就全面发展的人的唯一方法。"[1] 恩格斯在马克思墓前的讲话中指出："在马克思看来，科学是一种在历史上起推动作用的、革命的力量。"[2] 这一观点为中国共产党所继承，以毛泽东同志为核心的党的第一代中央领导集体提出，要发挥科学技术的作用来建立现代化的大工业体系，

---

[1]　《马克思恩格斯选集》第2卷，人民出版社2012年版，第230页。
[2]　《马克思恩格斯文集》第3卷，人民出版社2009年版，第602页。

从而提高整个社会的生产率。1956年，毛泽东同志代表党中央发出了"向科学进军"的广泛号召，要求"完成这个历史赋予我们的伟大技术革命"[①]。由此，在新中国成立初期，国家举全国之力搞"两弹一星"，将许多资源都集中在"两弹一星"项目上。科学家、技术人员、工程师、施工人员等各行各业的能工巧匠，心怀伟大的报国情怀，放弃优越的条件，去往深山戈壁，在艰苦的条件下，隐姓埋名，潜心工作。随着无数次的尝试、无数次的反复试验，他们最终在自己的专业上实现突破，克服重重困难，完成了原子弹、氢弹、卫星项目。

在那样的年代，工匠精神除了体现高技术、高技能外，更多地体现了奉献精神。怀揣本领、为国献身的精神是个体对工匠精神的最高诠释。例如，享誉全国有"刀具大王"之称的马学礼，1957年7月从苏联学习回国后，短短一年提出革新建议近300项，完成技术革新数十项。1965年研制成功高速"套料刀"，效率比原来的苏式工具提高6倍。以他的姓命名的"马氏胎具"、高速"套料刀"、外旋风铣等工具至今仍在全国使用。还有诸如苏广铭、孙茂松、盛利、傅海泉等人发明出新刀具，提高了我国金属切削能力；黄荣昌、王全禄创造的木工机械的推广，推动了我国木工机械化的进程等。[②]这些优秀的工匠不满足于现状，刻苦钻研，以创新推动了社会生产力的发展，让我国在工业领域的某些方面取得了跨越式进步，为建设社会主义物质文明贡献了力量。无论是为国奉献的"两弹一星"科技工作者，还是走

---

① 《建国以来毛泽东文稿》第 7 册，中央文献出版社 1992 年版，第 52 页。
② 高明岐：《社会主义劳动竞赛概论》，中国工人出版社 1993 年版，第 152-153 页。

在时间前面的技术革新人马学礼，都体现了"知识分子劳动化，劳动人民知识化"[①]的理想状态，他们用自己的实际行动诠释了创造精神就是工匠精神的崭新含义。

二、改革开放以来的工匠精神

自改革开放以来，党的工作重心转移到经济建设上来。邓小平同志创造性地提出了科学技术是第一生产力的重要论断。尊重知识与尊重人才的观念开时代风气之先，神州大地吹起了崇尚科技、尊重人才的春风。邓小平同志主张肯定知识分子，大力发展生产力，发展社会主义市场经济，通过各种经济改革措施，保障劳动者劳动报酬、优化劳动者劳动环境，不断激发劳动者的积极性和创造性。在这种价值观的引导下，中国社会涌现出大批为改革开放和现代化建设贡献的工匠，包括"金牌工人"许振超、"汉字激光照排系统之父"王选、以高亮为代表的"高铁铺路人"、智能电网研究运行的电力工人以及一些实体经济企业家等，他们把勇于创新、精益求精、刻苦钻研、一丝不苟、无私奉献的精神融入事业，创造了无数中国奇迹，解决了许多高、精、尖的问题，不仅深深地影响了中国，也深深地影响了全世界。

改革开放后，破除原有落后生产关系对生产力的束缚，有力促进生产力的解放与发展以及"实现四个现代化"等口号被唱响，使得广

①　《毛泽东选集》第 3 卷，人民出版社 1991 年版，第 18 页。

大劳动者充满理想，工匠劳模更富激情。马克思强调生产力在社会进步与变革中具有根本性的决定作用，认为"单是由于后来的每一代人所取得的生产力都是前一代人已经取得而被他们当作原料来为新生产服务这一事实，就形成人们的历史中的联系，就形成人类的历史"①。《共产党宣言》指出，无产阶级取得政权后，要"尽可能快地增加生产力的总量"②。邓小平同志指出，"科学技术叫生产力，科技人员就是劳动者"③，他进一步描述了科学技术对生产劳动的提升作用，"同样数量的劳动力，在同样的劳动时间里，可以生产出比过去多几十倍几百倍的产品，社会生产力有这样巨大的发展，劳动生产率有这样大幅度的提高，靠的是什么？最主要的是靠科学的力量、技术的力量"④。

1995年全国科技大会上首次提出了科教兴国战略，江泽民同志指出，"没有强大的科技实力，就没有社会主义的现代化……实施科教兴国战略，必将大大提高我国经济发展的质量和水平，使生产力有一个新的解放和更大的发展"⑤。党的十六大报告指出："坚持教育为社会主义现代化建设服务，为人民服务，与生产劳动和社会实践相结合，培养德智体美全面发展的社会主义建设者和接班人。"⑥在推动改革、促进发展的过程中，涌现出了一大批道德高尚、爱岗敬业、无私奉献的科学家和技术工人，他们将毕生精力献给了祖国的科技事

---

① 《马克思恩格斯全集》第 27 卷，人民出版社 1965 年版，第 478 页。
② 《马克思恩格斯选集》第 1 卷，人民出版社 2012 年版，第 421 页。
③ 《邓小平文选》第 2 卷，人民出版社 1994 年版，第 34 页。
④ 《邓小平文选》第 2 卷，人民出版社 1994 年版，第 87 页。
⑤ 《江泽民同志在全国科学技术大会上的讲话》，《人民日报》1995 年 6 月 5 日。
⑥ 《十六大以来重要文献选编》（上），中央文献出版社 2002 年版。

业，通过自己的模范行动和骄人业绩，为我国的经济发展和社会进步做出了不可磨灭的贡献。

"金牌工人"许振超同志可谓攻关、创新的典范，把工匠精神演绎得淋漓尽致。1950年1月，许振超出生在一个贫穷的工人家庭。1974年，只上了一年半初中的他进入青岛港，当上了码头工人。自进入青岛港以来，他立足本职，自学成才，苦练技术，练就了"一钩准""一钩净""无声响操作"等绝活，先后7次刷新集装箱装卸世界纪录，使"振超效率"享誉全球，成为新时代产业工人的楷模，荣获全国劳动模范、全国优秀共产党员等多个荣誉称号。时至今日，"振超效率"仍名扬四海、享誉全球，是青岛港的一面金字招牌。在许振超看来，工匠精神就是要"干一行、爱一行、精一行"。随着改革开放，对外贸易快速发展，港口迎来了大发展。许振超成为青岛港第一批桥吊司机。1987年，青岛港装卸效率仅为每小时30多个集装箱，而许振超创出了2小时卸载120个集装箱的纪录，但他并没有满足。在全世界港口行业中把集装箱装卸速度干到第一，一直是许振超的梦想。为了实现这一梦想，他开始自学，苦练技术，将一个个新想法变成生产实践中的一项项新技术，最终取得成功，成为一名学习型、创新型、充分掌握现代技能的一流"技术专家"。

至今，许振超仍记得第一次刷新集装箱装卸世界纪录的情景。那是2003年五一劳动节前夕，从晚上8点开始，许振超和工友连续鏖战6个多小时，2740个标准集装箱成功装卸完毕，最高纪录是每小时装卸339个自然箱，一举打破当时单船每小时装卸336个自然箱的世界纪录。1992年10月，许振超当上桥吊队队长，他在新岗位上继续发扬精益求精、勇于创新、敢于开拓的工匠精神，迅速带出一支技术精、作风硬、效率高的优秀团队。面对港口生产中的难题，他带领团队积极开展科技攻关，持续破解安全生产难题，填补国际技术空白，为国家节约巨额成本。在工作中创造出"振超工作法"，从而为青岛港提速建设发展提供宝贵经验。为解决集装箱轮胎式龙门吊费油、污染环境难题，他经过两年多的摸索，从飞机空中加油技术上得到启发，于2007年成功完成了集装箱轮胎式龙门吊的"油改电"工程，被新加坡、澳大利亚、英国等国家码头效仿。

"金牌工人"许振超

三、新时代的工匠精神

党的十八大以来，国家高度重视社会主义劳动者社会地位的提升和劳动者素质的提高，在全社会营造劳动光荣的良好社会风气，并从国家和民族发展的高度建立健全技能人才培养、使用和激励体制机制，以期为现代工业发展培养更多的大国工匠。习近平总书记指出，"在前进道路上，我们要始终高度重视提高劳动者素质，培养宏大的高素质劳动者大军……劳动者的知识和才能积累越多，创造能力就越大"①。伴随我国经济发展从中国制造向中国创造转变，由中国速度向中国质量转变，由中国产品向中国品牌转变，更加呼唤工匠精神，更加需要大国工匠。2016年，国务院政府工作报告首次将工匠精神写入其中，并呼吁工匠精神回归。新时代工匠承载着新的历史使命和重任，只有当工匠精神渗透到全面创新的每一个行业和领域，才能全面开启中国特色社会主义现代化建设新的历史篇章。2015年，国务院印发《中国制造2025》文件，标志着我国向"制造强国"转型之路的开始，而具备工匠精神的技术技能型人才将成为"制造强国"转型之路中的重要力量，人们对工匠精神的关注度越来越高。从2016年至2018年，工匠精神3次被写入政府工作报告。2016年，政府工作报告指出，"鼓励企业开展个性化定制、柔性化生产，培育精益求精的工匠精神，增品种、提品质、创品牌"②。

在推进制造业高质量发展的过程中，国家高度重视先进制造业对国民经济体系转型升级、提质增效的重要意义，强调要以实体经济为根本，以先进制造业为关键，加快推进新型工业化，培养大批技术高超、素质过硬的技能人才，大力倡导在全社会形成"乐业敬业精

---

① 习近平：《在庆祝"五一"国际劳动节暨表彰全国劳动模范和先进工作者大会上的讲话》，《人民日报》2015年4月29日。
② 李克强：《政府工作报告：2016年3月5日在第十二届全国人民代表大会第四次会议上》，人民出版社2016年版，第24页。

业"的工匠精神。习近平总书记指出，"实体经济是我国经济的重要支撑，做强实体经济需要大量技能型人才，需要大力弘扬工匠精神"①。2017年政府工作报告指出，大力弘扬工匠精神，厚植工匠文化，恪尽职业操守，崇尚精益求精，打造更多享誉世界的中国品牌，推动中国经济发展进入质量时代。2018年政府工作报告指出，全面开展质量提升行动，推进与国际先进水平对标达标，弘扬工匠精神，来一场中国制造的品质革命。要实现《中国制造2025》的目标和任务，从"制造大国"变为"制造强国"，就必须培育和弘扬工匠精神。工匠精神源于工匠，高于工匠。进入新时代，工匠精神作为一个大国所推崇的时代精神，早已经超越了工匠这个群体，推及更广泛的行业或职业群体。当前我们所提到的工匠精神，既是基于对过去传统工匠职业伦理和职业精神的理解，又被赋予了新的时代内涵。

当前，面对我国经济发展新常态，面对全球新一轮科技革命和产业变革正在孕育兴起的新机遇，党中央、国务院作出实施制造强国战略、创新驱动发展战略和推进供给侧结构性改革的重大决策部署，把创新作为引领发展的第一动力。习近平总书记强调："当代工人不仅要有力量，还要有智慧、有技术，能发明、会创新，以实际行动奏响时代主旋律。"②"政策要宽，营造有利于大众创业、市场主体创新的政策环境和制度环境"③。"要实施职工素质建设工程，推动建设宏大

---

① 谢环驰、鞠鹏：《习近平在甘肃考察时强调：坚定信心开拓创新真抓实干 团结一心开创富民兴陇新局面》，《人民日报》2019年8月23日。
② 习近平：《在同全国劳动模范代表座谈时的讲话》，《人民日报》2013年4月29日。
③ 鞠鹏：《中央经济工作会议在北京举行》，《人民日报》2014年12月12日。

的知识型、技术型、创新型劳动者大军。"① 李克强同志指出："实施创新驱动发展战略，要坚持把科技创新摆在国家发展全局的核心位置，既发挥好科技创新的引领作用和科技人员的骨干中坚作用，又最大限度地激发群众的无穷智慧和力量，形成大众创业、万众创新的新局面。"②

党中央、国务院高度重视弘扬工匠的创新精神，强调提升劳动者技能的重要性。2019年9月，习近平总书记对我国选手在世界技能大赛取得佳绩作出重要指示时强调，"劳动者素质对一个国家、一个民族发展至关重要。技术工人队伍是支撑中国制造、中国创造的重要基础，对推动经济高质量发展具有重要作用"，"要在全社会弘扬精益求精的工匠精神，激励广大青年走技能成才、技能报国之路"。③ 技术工人队伍是支撑中国制造、中国创造的重要基础，对推动经济高质量发展具有重要作用。工匠精神不仅是一种日常工作态度，更是一种人生境界的追求，这需要深刻领悟和积极践行。

新时代的工匠精神强调的是在继承基础上的创新。自主创新是我国现代化建设的必经之路，也是中国特色社会主义文化的鲜明特色。工匠群体要充分发挥自己的主观能动性，提高对现有工作技能的创造意愿和实践能力，具备前瞻意识，大胆探索、超前部署未来科技领域未涉及层面。在进行自主创新的同时，还要注重对传统文化的继承。

---

① 习近平：《在庆祝"五一"国际劳动节暨表彰全国劳动模范和先进工作者大会上的讲话》，《人民日报》2015年4月29日。

② 李克强：《促进科技与大众创业万众创新深度融合 以改革创新培育我国经济社会发展新动能》，《人民日报》2015年7月29日。

③ 《习近平总书记对我国选手在世界技能大赛取得佳绩作出重要指示》，《人民日报》2019年9月24日。

以文物修复工作为例，从事这一工作要求从业者的自主创新能力在对现代文物修复技术与设备的革新中发挥，而不是对历史文物的创新性改造，并且要求劳动者在技能方面要达到精的要求。

新时代的工匠在平凡的岗位上，细心打磨每一件产品，在烦琐、枯燥的工作中追求卓越。例如，高凤林，航天特种熔融焊接工，勤学苦练修内功，攀登高峰解疑难，取得了跨行业焊接成果——火箭发动机异种金属关键组件焊接工艺创新，在国际比赛中勇拔头彩，被誉为站在巅峰之上的中国技师。再如，胡双钱，坚守钳工岗位35载。在从业生涯中，他加工的数十万个零部件竟没有一个次品，他践行的是工匠的良心。一个本来要靠细致编程的数控铣床来完成的复杂飞机零部件，他仅依靠一双手和一台传统的铣钻床就实现了该零部件的加工，而且一次性通过检测，精度达到0.024毫米。本着对"航空工业要的就是精细活"的认识，胡双钱对待任何零件都一视同仁，核对图纸、画线打磨、完成加工、交付产品，每个步骤他都反复检查数遍，硬生生地做成"零瑕疵"。他也由此被人们称为"精益求精，追求完美，打造极致"的航空手艺人。屠呦呦历经数百次实验失败提取出青蒿素，黄旭华不畏个人安危投身研制中国核潜艇的事业等，他们身上无不表现着精益求精、一丝不苟、耐心专注、敬业至上、锐意改革、勇于创新的工匠精神。

胡双钱在车间工作

　　在"互联网+"的时代，在机械化精加工的时代，新时代工匠精神在对过去传统工匠职业伦理和职业精神的理解上，吸纳人类历史中劳动者的奋斗经验与思想结晶，凝结成了符合时代背景的新内涵。现阶段我们所提倡的工匠精神，主要包括执着专注、精益求精、一丝不苟和追求卓越等。我国当前正处于从工业大国向工业强国迈进的历史关键期，精准把握新时代工匠精神的内涵并达成共识、付诸实践，才能树匠心、育匠人，才能创造出一个个让人惊叹的发展奇迹，从而为推进中国制造的"品牌革命"提供源源不断的动力，为中华民族的伟大复兴贡献自己的力量。

第二章
工匠精神的内涵特征与具体表现

随着手工业的产生与发展，工匠以自己独具的匠心和真诚劳作，创造出一件件闪烁着智慧光芒的经典作品，赋予了中华民族灿烂文明以实体形态，铸就了具有丰富内涵的工匠精神。正如习近平总书记所指出的，在长期实践中，我们培育形成了"执着专注、精益求精、一丝不苟、追求卓越的工匠精神"。工匠精神属于精神范畴，是劳动者在劳动过程中所形成的行为习惯、价值信念和精神表达。中国特色社会主义进入新时代，工匠精神的诠释语境已经超越手工业行业范围，成为制造业乃至各行各业劳动理念的指引。工匠精神所蕴含的执着专注、精益求精、一丝不苟、追求卓越的内涵特征以及具体表现，是全面建设社会主义现代化国家的精神动力。

第一节　执着专注的职业操守

工匠精神的前提在于执着专注，执着专注推动中国工匠在岗位上不断进取。当我们把目光聚焦于中国工匠这一群体，透过工匠不同的岗位身份，在他们身上总能找到共同的品质，他们在工作中展现出大国工匠执着专注、坚持不懈的精神，彰显工匠对职业执着专注的敬业精神。中国工匠用专心致志的精神品质打造出高质量的匠心之作，用锲而不舍的品格缔造出"大国品牌"，在平凡的岗位上实现人生价值，为祖国建设添砖加瓦，用实际行动凸显大国工匠勤奋专注的精神品质。

一、专心致志，坚持不懈

专心致志是中华民族的美德，在几千年的社会发展中，中华民族在守望相助中追求梦想、积极进取，创造出一个又一个奇迹，在历史的长河中留下浓墨重彩的一笔。做一行，爱一行，敬一行。新时代的中国工匠弘扬专注精神，在岗位上抒写感人乐章。

（一）"我今年80岁，能为敦煌做事，我无怨无悔"

没有任何人能够随随便便地获得成功，也没有任何人做事能够一步登天。中国工匠深知这个道理，他们秉持着对职业的敬畏在岗位上勤勤恳恳、不求回报，用一腔真情和热血在工作中披荆斩棘，坚持不懈，把一生奉献给自己所热爱的事业。樊锦诗就是这样一位大国工匠。樊锦诗，被誉为"敦煌的女儿"。1963年毕业于北京大学历史系的樊锦诗在面对留在北京还是上海时，毫不犹豫地选择来到千里之外、各方面条件都比不上北京和上海的西部小镇——敦煌。从此她再也没有离开过敦煌，在自己的岗位上坚持工作60余年。樊锦诗在漫天黄沙飞的大西北扎根，把满腔热血奉献给敦煌石窟文物保护事业，用一生守护敦煌。她用过硬的专业知识和一流的能力带领团队攻坚克难，为敦煌莫高窟——世界文化遗产的保护做出不可磨灭的贡献。2019年9月17日，樊锦诗被授予"文物保护杰出贡献者"称号；9月25日，获评"最美奋斗者"。2020年5月17日，当选为"感动中国2019年度人物"。

1963年，对初到敦煌工作的樊锦诗而言，映入她眼帘的不仅有精美的石窟壁画，还有一望无际的大漠和漫天的黄沙，但艰苦的条件并没有令她退缩，她仍然坚守在敦煌文物保护的第一线。她进入石窟工作时就发现，石窟壁画每一刻都在遭受不同程度的损害，为此她和同事们大量查询相关资料，实地调研，为能有效合理进行文物保护而不断努力。面对当地有部门想将石窟"上市消费"的提议，樊锦诗顶住压力坚决反对，最终提出利用数字技术开发保护敦煌壁画。正是因为对敦煌石窟事业的热爱，对世界文化遗产的敬畏，她积极探索、创造性地提出解决文物保护和合理开发利用之间矛盾的方案，不仅提升了敦煌石窟科学保护和现代化管理水平，也促进了当地经济发展。敦煌石窟因此被誉为我国文物保护界的光辉典范。

从青春岁月到杖朝之年，樊锦诗一生大部分时间都专注于对敦煌石窟文物的保护，专心致志地研究如何更好地保护敦煌壁画。一晃几十年过去了，对樊锦诗而言，敦煌石窟已经成为她生命中不可替代的一部分，成为为之终生奋斗坚持不懈的事业。正如樊锦诗所说，她虽已80余岁，但仍专注于敦煌壁画保护，她无怨无悔。当人们问樊锦诗什么是敦煌精神时，她只有简单的一句话：就是坚守大漠，勇于担当，甘于奉献，开拓进取。朴素的话语表达的却是樊锦诗对敦煌石窟事业的热爱，在内心深处她一直把自己看作"敦煌的女儿"。而同事们对她的评价也展现出樊锦诗对敦煌事业的坚持和执着：即便扎根大漠，面对戈壁黄沙，她无怨无悔，几十年如一日地坚持不懈地保护敦煌壁画。

樊锦诗在敦煌莫高窟查看壁画

在樊锦诗的身上，我们看到的是一位文物工作者几十年如一日的坚守和专心致志的工作精神。樊锦诗的故事只是众多大国工匠在岗位上专心致志、坚持不懈的事迹缩影。进入新时代，中国社会涌现出许许多多诸如樊锦诗般在岗位上执着专注的大国工匠，他们用坚守和追求投身于建设社会主义伟大事业，用专注和执着助力实现强国梦。

（二）"艰苦的地方更需要我"

时代在进步，执着专注的精神却永不止息，无论何时何地都需要专心致志、坚持不懈的精神。正如习近平总书记讲的，"中华民族伟大复兴，绝不是轻轻松松、敲锣打鼓就能实现的。全党必须准备付出更为艰巨、更为艰苦的努力"[①]。有这样一位用自己毕生之力托举大山女孩梦想的匠人，她就是张桂梅。2020年分别荣获"全国优秀共产党员"称号和"时代楷模"称号。张桂梅，丽江华坪女子高级中学党支部书记、校长。她出生于黑龙江，却选择扎根于贫穷落后的云南大山中，用瘦弱的肩膀为大山女孩支撑起一片梦想的天空。20多年来她专注于民族地区的教育事业，致力于推动当地教育发展，虽疾病缠身却专心致志教书育人，用爱心、坚持和专注点燃大山女孩的梦想之灯。多年来，她用知识改变大山女孩的命运，展现了当代教师勤勤恳恳、执着专注的高尚师德风范和令人感动的工匠精神。

---

① 习近平：《决胜全面建成小康社会 夺取新时代中国特色社会主义伟大胜利——在中国共产党第十九次全国代表大会上的报告》，《人民日报》2017 年 10 月 28 日。

深夜工作的张桂梅

1996年，刚经历了丧夫和父母双亡之痛的张桂梅放弃了进入最好中学任教的机会，选择来到教学条件十分落后的华坪县中心学校任教。随后又到了民族中学承担毕业班的教学任务。艰苦无人喜欢，张桂梅同样如此，但她选择了艰苦，在她看来，艰苦的地方更需要她。在民族中学工作的张桂梅不仅要承担繁重的教学任务，还要协助学校文艺工作的开展。工作中的她尽心尽力，奉献了自己所有的精力。在工作日时，张桂梅总是第一个到学校，最后一个离开学校。在周末时，她充分利用休息时间，为夯实学生基础、提升学生能力，免费为学生补课。在得知大山中贫困女孩小小年纪便辍学嫁人但又劝说无果之时，她便萌生了建立一所专门接收贫困女孩入学的女子高中的想法。她倾尽全力终于在2008年建立了全国第一所全免费的女子高级中学。10多年来，女子高中的本科上线率不断攀升，将上千名学生送进了大学，改变了深山女孩的命运。平凡的岗位，不平凡的举动，体现的是张桂梅对教师职业的专心致志、对教学任务的认真负责、对学生的关爱之情和推动民族地区教育事业发展的坚持不懈精神，她用爱呵护大山女孩的成长。

多年来的操劳拖垮了张桂梅的身体，她患上了10余种疾病甚至需要动手术。为能让学生无后顾之忧地学习，她常忘记自己也是一位病人，也需要看病吃药、多休息，却愿意自己掏腰包为学生买衣穿、付餐费等。在许多教师因条件艰苦而辞职时，她选择坚守大山，在贫困山区坚持不懈，专注于教育事业，用爱传播爱，用爱浇灌山区孩子的未来。张桂梅用她的实际行动向世人展现了虽在艰苦的环境中但仍专心致志地工作，在坚持不懈中致力于山区教育事业发展和对岗位尽职尽责的态度。张桂梅对山区孩子无私的爱、坚守山区教育事业的执着，体现了新时代教书育人的敬业精神。

二、孜孜不倦，勤奋专注

"路漫漫其修远兮，吾将上下而求索"，任何事业的成功均离不开在岗位上的执着专注。中国工匠深知其中奥秘，他们用执着专注成就辉煌，在岗位上笃定坚守，在耐心中厚积薄发，在坚持不懈中砥砺前行。

（一）"任何手艺都是磨出来的，关键是要执着"

大国工匠技艺的锻造不是一朝一夕之事，高超的技艺总是在十年如一日的重复中得到锤炼，在工匠刻苦坚持中得以练就，在超越自我中得以突破升华。在冶炼钢铁领域就有这样一位人物，他用执着展现当代工匠勤奋专注的工匠精神。他就是被称为"研磨大师"的魏红权。魏红权，武汉重型机床集团有限公司钳工，高级技师，曾获第十四届中华技能大奖、全国"最美职工"称号、全国五一劳动奖章等数十个荣誉，是国务院政府特殊津贴享受者。魏红权在岗位上埋头苦干了30余年，从业几十年来参与的重大项目共计50余项，更是为企业创造了数千万元的经济价值。魏红权在工作中不断攻坚克难突破技术障碍，有效提升工厂中上千台机床的加工精确性。他用手研磨工具，突破数控机床在机器加工中带来的技术瓶颈，用实际行动演奏了一首一线工人在新时代的劳动赞歌。

魏红权正在检测精密结构件

1985年，从技校毕业的魏红权来到武汉重型机床厂工作，初入工厂工作的他为练就手艺常常自己主动加班，在车间勤练基本功，不仅如此，他还主动报名参加了武重职业学校中级工、高级工培训。在充实的学习中，魏红权提升了技艺，逐渐掌握了多种机床加工的方法和零件精加工技术。魏红权秉着突破自我的精神，在岗位上虚心学习，融会贯通，正如他自己说的，"到了一定阶段，我就要通过书本提高自己，有些不懂的问题我也查资料，我对机械加工很感兴趣，我家里这方面的书很多。在工作中首先要自己练、自己学，平时工作中积累，再实践"①。对工作的勤奋专注让魏红权从对炼钢的一知半解到如今业界的行家，华丽的转变得益于他对工作的全神贯注和永不放弃的态度。

已是知命之年的魏红权，在工作中一刻都没有放弃对自己的严格要求。在实践中冲破技术带来的樊篱，在手工研磨器材中攻克一道又一道技术难关。2010年，武重集团承接了一个重大加工项目，但当时工厂中生产的零件不能满足该项目对核心零件加工精度的要求，项目的进展也因此受到影响。为保障项目的顺利进行，魏红权临危受命。他和团队认真分析图纸，在车间反复试验，对零件的设计、打造方法、测量方式以及研磨力度和角度都进行琢磨，最终提出了一套完善的方案。在这个过程中，魏红权投入大量的时间和精力，为完成任务常加班至深夜，废寝忘食。魏红权在专注中达到了机器无法达到的技术要求，耗费体力用手工研磨方法弥补机器制造的不足，他以一双"巧手"造就了一代"研磨大师"。在魏红权看来，好手艺、高技能是在勤奋专注中练出来的，没有任何捷径可走。如同魏红权所说，技术不是走捷径得来的，而是在岗位上持之以恒学习、实践，在勤奋专注中获得。魏红权只是众多大国工匠的缩影，他们不走捷径，踏踏实实地工作，坚守岗位，用专注打造匠心之作。

---

① 《魏红权：31年执着坚守 终成"研磨大师"》，人民网（搜狐号），2016年12月3日，https://www.sohu.com/a/120549169_114731。

（二）"人一旦痴迷一件事，就不会觉着苦、觉着累了"

追求技艺的精湛是中国工匠在岗位上专注性的表现之一，大国工匠每一次成功的背后是他们用勤奋为基，用专注练技，用坚守筑梦；他们在工作中不受外在环境的影响，专注于自己所做之事；他们在静心、用心中磨炼心智，锤炼技艺，在勤奋和持之以恒中彰显工匠风范。杨金安，中信重工机械股份有限公司铸锻公司冶炼车间50吨电炉班班长，金牌首席员工。在中信工作了30余年的杨金安在工厂冶炼炉旁练就了一双"火眼金睛"，他能用肉眼而不借助任何测温仪器准确地判断冶炼炉温度，其判断出的温度和用专业仪器测量的数值相差无几，这是杨金安的绝技。杨金安凭借着高超的冶炼技术，带领团队在技术困境中突破重重困难，打造出一套高质量、高水平的冶炼体系。正是因为杨金安对企业冶炼的贡献，多年来他获得河南省五一劳动奖章、"中原大工匠"称号、"全国机械冶金建材系统李斌式十大金牌工人"称号、"中国重型机械行业大工匠"称号、全国五一劳动奖章等荣誉，2020年11月获得2019年"大国工匠年度人物"荣誉称号。

1984年，杨金安进入中信重工从事炼钢工作，初入工厂的杨金安因对炼钢一事不了解而产生了放弃的念头时，是老工友们的鼓励让他重拾信心。此后，工作中的杨金安便随时都带着笔记本，随时向师傅和工友请教问题，仔细记录关键内容，记录工作的心得体会。这一习惯一经养成便保持至今。如今，杨金安在工作中用于记录的笔记本已有厚厚的一大摞，丰富的知识储备让他形成了一套独特的炼钢词典和独一无二的炼钢数据库。杨金安凭借在岗位上的勤奋专注、韧劲，一步一个脚印完成了从普通炼钢工人到新时代大国工匠的转变。

杨金安正在泼钢水

对杨金安而言，痴迷于如何提高冶炼技术就不会觉得苦和累。冶炼车间的环境并不好，条件也很艰苦。上千度的炉火温度、近50摄氏度的室内温度、为保障安全而穿戴的笨重阻燃服、嘈杂的噪声，这些对杨金安而言就是家常便饭。但就是在这样恶劣的环境中，他不受环境的影响，专注于手中的工作，提升了技艺，锻造了高质量的匠心之作。在每一次冶炼巨型钢时，他都会精心安排，接连数天对冶炼炉修整、仔细检查材料、分派任务，在冶炼时总是"打头阵"，和工友们奋战到深夜，直到任务结束时才放心回家吃饭、休息，有时甚至会在吃饭时端着饭碗就睡着了。杨金安对工作执着专注的精神让他在岗位上不服输、不怕输，成为他实现自我价值的重要推动力。像杨金安这样的大国工匠在中国还有许多，他们用他们的勤奋专注展现新时代中国工匠的精神风貌，他们在岗位上踏踏实实、勤勤恳恳地工作，用高超匠技展现"大国品牌"的文化积淀。

第二节 精益求精的品质追求

精益求精是指在既有成绩和基础上追求更加完美，是技艺、产品、质量、境界不断提升的过程，是对工匠的操守提出的要求。精益求精是工匠精神的动力，贯穿于工匠生产实践的全过程，是工匠在实践中形成的、呈现工匠在岗位上追求高质量产品的职业精神。精益求精的精神体现了工匠细致和严谨的态度，表现出工匠在工作中对产品细节和质量的把控。

一、追求极致，崇尚质量

中国工匠只是一群活跃在普通岗位上的普通劳动者，但他们勤学苦干，不断钻研，战胜各种困难，追求品质，崇尚质量，在平凡的工作中创造出不平凡的成绩。他们用实际行动诠释了大国工匠在岗位上朴实无华而又令人敬仰的工匠精神内涵，谱写属于新时代中国工匠的华丽篇章。

（一）"工匠精神体现在每一个精细的步骤上，体现在每一件产品的质量上"

无质量，无品牌。中国工匠深知产品质量不仅关乎企业的命运，而且关乎国家未来发展前景，因此，工匠在生产产品时总是不遗余力地打造高质量的产品，用心造就"大国品牌"。在此过程中，工匠用耐心和时间打磨产品，追求质量。大国工匠耿家盛就是这样一位典型代表。耿家盛，昆明重工机械厂高级技师。从业30余年的他始终对自己高标准严要求，在岗位上立足于本职工作，又抓住一切时间和机会学习新知识提升自身素质。在恪尽职守中完成一个又一个高难度的项目，彰显重质的精益求精风范。他用几十年的坚守诠释和践行了大国工匠对工匠精神的理解，用高品质的产品回馈社会和国家，用心造就工匠事业。正是靠着在工作中对产品质量精益求精的追求，耿家盛为其团队和企业赢得了行业的掌声和信赖，并获得"全国劳动模范"称号、全国道德模范提名奖等荣誉。

耿家盛在车间操作铣床

耿家盛不仅追求技术的熟练而且追求全能，在全能中追求卓越。对像耿家盛这样的车间工人而言，磨刀是一个技术活。刚入车间的耿家盛白天休息晚上上班，白天大把的空余时间让耿家盛感到落寞，于是在父辈的帮助下，他拜车间技师黄延富师傅为师学习磨刀技术。此后他在师傅的指导下认真刻苦地磨刀，在苦练了很长一段时间后他终于掌握了磨刀技术，从学徒到如今的技能大师，耿家盛用30余年磨一刀的坚守和执着精神成就了他"一把刀"的骄人成绩和一手磨刀的绝技，但耿家盛并没有因此而止步不前，而是不断追求前进，力求全能。在他的刻苦钻研和领导的帮助下，他不但熟练掌握磨刀技术而且逐渐学会了钻床、镗床等技能，成为名副其实的"全能"机床工。每次操作前，他总会认真看图纸，做好准备工作，认真检查、定期保养机床。在耿家盛看来，要想使加工零件的速度快、质量高，就必须有较高精度的机床。耿家盛对技术的不懈追求展现了他肯钻研、爱学习、追求品质的精神，体现了当代大国工匠的精神风貌。

耿家盛成为"全能王"之后没有停止脚步，而是在打造高质量产品的路上勇往直前，砥砺前行。20世纪90年代，耿家盛曾到拉丝机分公司工作。在工作中他发现现有的拉丝机生产出来的产品外观质量较差，因此他向公司建议使用另一种漆，改用新的工艺生产产品。此后，耿家盛带领团队投入新工艺的开发和使用中，他一有空余时间就钻到车间试验新工艺，在一次又一次的失败和试验后，耿家盛最终生产出令他满意的拉丝机产品。采用新工艺生产出的产品不仅内里质量达标，而且其外观质量较之以前有了一个质的飞跃。新产品极大地满足了客户的需求，在行业内为其公司赢得了好口碑，带来了可观的收益。在耿家盛看来，工匠精神体现在高质量的产品中。在中国，如同耿家盛这样的大国工匠还有许多。他们在岗位上认真工作，秉持着精益求精的态度对待手中的每一项生产任务，力求生产出更多的、能满足人民群众需要的高质量产品，他们身上所展现出崇尚高质量的品质精神，在新时代散发出耀眼的光芒。

（二）"我的工作目标是什么？是追求极致，在我的脑海里没有最好，只有更好"

工匠在工作时不只追求完成任务，还追求高质量地完成任务，特别是当他们锻造"高精尖"产品时尤其追求卓越，力求使产品达到完美的状态。李凯军就是这样一位追求卓越、崇尚高品质的大国工匠。李凯军，中国第一汽车集团公司铸造公司模具钳工高级技师。在车间钳台坚守30余年的李凯军用精湛的匠技创造品牌，用精益求精的工匠精神打造高品质产品，用高尚的匠人风范彰显当代大国工匠的精神风貌。多年来，他在岗位上初心不改，矢志不渝，每一个前进的步伐都记录下他的汗水和辛勤，他的持之以恒的坚守生动诠释了一线岗位平凡工匠的精神风貌，是当之无愧的大国工匠。2019年李凯军荣获全国五一劳动奖章、"大国工匠年度人物"称号。

对李凯军而言，工作就是要追求极致，没有最好，只有更好。在一次零件生产任务中，车间生产的零件误差超标，可能产生很大的潜在危险，可距离交付客户验收的时间仅有数小时。李凯军决定拆零件找问题。他和团队抓紧每分每秒，一点一点地查找，最终找到了问题所在。在大家的齐心协力之下，车间最终在规定时间内完成了任务，生产出的产品误差控制在0.02毫米范围内，高品质的产品获得了客户极高的评价。李凯军用自身卓越的技能、崇尚高品质的态度打造了业界知名品牌，赢得了大家的赞扬。李凯军时刻牢记自己是一名工人，他对自己的要求就是出精品，做任何事都会付出全部的努力，几十年来如一日地坚持贯彻这一要求。他在承受压力的同时也突破了自我，"出精品"的信念支撑着他在钳工领域越走越远。高质量的产品、一流的"大国品牌"离不开像李凯军这样无数个大国工匠的努力，他们在岗位上兢兢业业追求更好，用卓越的技艺和认真负责的职业态度生产产品，服务社会，服务人民。

二、道技合一，追求至善

打造产品是工匠的职业要求和职责，对工匠而言，能制造出精品是其成为大国工匠的必然要求，而拥有卓越的技艺是锻造精品的必备职业技能和重要基础。工匠在工作中勤学苦练成就精湛的技艺，在持之以恒的坚守中努力提高技艺。他们在提高技艺的过程中将爱和担当熔铸进产品，以打造精品为目标，以精品为平台展现他们对自己、对社会、对国家的责任。大国工匠正是通过这种方式达到了道技合一的境界，在道技合一中实现成就自我、服务社会的人生价值。

（一）"工匠嘛，就要凭实力干活，凭手艺吃饭，想办法把活干好"

中国工匠在时代的变迁中历经岁月的洗礼，在他们身上变的是岁月和技艺难度系数，不变的是大国工匠身份、对技艺的追求和职业精神。他们的成功离不开对技艺的锻造，离不开岁月的磨炼和精神的感召。在中国高铁领域就有这样的代表人物，他就是宁允展。宁允展，南车青岛四方机车车辆股份有限公司车辆钳工高级技师，他用精湛的技艺和担当攻克高铁动车转向架难题，是中国高铁首席研磨师，更被同行称为高铁转向架"定位臂"的业界第一人。他自1991年入行以来一直在高铁生产实践的前线工作，入行30余年的他专注于本职工作，在练就高超技术的同时严格要求自己，在实践中积累经验，总结规律，不断创新，用完美的产品回馈企业和社会。他带领他的团队在实践中攻坚克难，制造的产品为企业节约了多达上百万元的资金，更是创造了10年产品无次品的纪录。宁允展对中国高铁动车事业做出了重要的贡献，他被评为"中国南车技能专家"，获"全国交通技术能手"的称号。

凭手艺吃饭是宁允展的工作理念。在他看来，作为一名好工匠就要用实力干活，凭手艺吃饭，要想办法把活干好。一切凭实力，宁允展不是说说而已。从技校毕业的宁允展刚入车间时主要从事的是钳工一职，但他在工作了一段时间后发现，只懂得钳工知识和技能是远远不够的，因此他下定决心要学习其他工种的知识。自学不是一件容易的事，想要把本职工作做好同时又习得其他技能不仅需要时间，还需要一股强大、坚韧的意志力。在师傅的帮助和自己的努力下，宁允展通过自学习得了电工和焊工的技能。他正是凭借顽强的意志力、对工作高度负责的职业态度和追求完美的职业精神，克服困难，练就多种技艺，在岗位上奉献自己，在实现自我价值中服务人民和社会。

"中国南车技能专家"宁允展

　　工作中的他从来不怕苦、不怕累，遇到问题毫不退缩，用创新思维看待问题、解决难题，这是宁允展对待工作的信念。2004年，高铁动车技术被公司从国外引进。在技术引进的初始阶段，公司就面临如何处理动车转向架的技术难题。当时，国内尚无这方面可借鉴的成熟性技术经验，就在公司一筹莫展之际，宁允展主动请缨，和团队并肩作战。这项技术难题所需材料要靠手工研磨，宁允展便每天长时间地坐在机器前，一点点地、小心翼翼地研磨材料，不停地研磨又不停地报废。一周过去了，他凭借着精湛的技艺、不放弃的毅力，夜以继日地研究、研磨，不知研磨了多少次才成功把所需材料手工研磨出来，攻破此项技术难关，更是填补了国内高铁动车组转向架问题的技术空白。

在解决了转向架的难题后，如何修复它成为困扰宁允展的又一问题。在没有相关可借鉴经验的情况下，他查阅所有有用的资料，不断实践，功夫不负有心人，终于独立成功研制出检修动车转向架的焊修技术，此技术为高铁动车事业的发展做出了杰出贡献。如果没有宁允展对中国高铁事业的敬畏和他对职业的热爱，或许他不会在这片领域闯出一片天地；如果没有他面对难题时的不退缩和踏实吃苦精神，或许就没有他技术的进步。如他而言，他虽不是"完人"，但出于他之手的产品是完美的，要达到这一目标就必须不间断地、踏实地练技艺。在他身上所展现的工匠精神只是万千大国工匠的精神缩影，他们用顽强的毅力和勤劳的身影在中国大地上挥洒汗水奉献青春。

（二）"手艺是练出来的，不是想出来的，不吃苦怎能干好？"

勤奋、吃苦耐劳是中华民族的优良传统。自古以来，中华民族就在这样的精神激励下奋勇前行，在发展的道路上永创辉煌，在历史的长河中展现生机和活力。中国工匠同样具备这样的优良品质，他们在时间的淬炼下提升技艺，在困境中突破自我，錾刻匠人孟剑锋就是这样一位大国工匠。孟剑锋，中国国礼大师，北京工美集团握拉菲首饰有限公司高级技师。他用精湛的錾刻技艺、高尚的匠人情操，锻造精美绝伦的国之重礼，用精美的银饰展现华夏风采。入行已30余年的孟剑锋在錾刻之路上严格要求自己，在远离纷扰的錾刻领域中不断突破、超越自己，在追求卓越匠技中保持初心，坚守岗位，用心和责任对待手中每一件银饰，他在传承中华优秀传统工艺技艺中诠释着工匠精神的精神内涵。

成为錾刻大师并非一朝一夕之事，高超技艺的练就需要时间、耐心和刻苦的精神，正如孟剑锋多次勉励自己时所说的一样，手艺需要练而不是在脑海中想，只有吃苦才能练就高超技艺。初入公司的孟剑锋只是一名普通的执模工人，在见识了师傅卓越的工艺技艺、在折服于中华民族精神文化载体——錾刻工艺品后，他便暗自下定决心要努力学习錾刻技艺，成为錾刻工艺技艺的传承者和弘扬者。在这样的信念支持下，孟剑锋起早贪黑地在车间一遍又一遍练习，不断失败又不断重新开始，在一次又一次的实践中总结经验、吸取教训，也正是因为他对高超技艺的不懈追求，以及锲而不舍的执着和勤学苦练的精神，终于在反复的錾刻练习中获得师傅的肯定，习得精湛的技艺，在实践中感悟錾刻艺术之美，用敬畏之心錾刻每一件银饰。孟剑锋用坚守和专心致志诠释了工匠自强不息的精神和踏实勤奋的练习对练就卓越技艺的重要性，他用行动传递出坚持虽然在短时间内不一定胜利，但是坚持到底最终一定会胜利的坚定信念。

工作中的孟剑锋

在孟剑锋看来，坚持、传承和创新是对工匠精神内涵的生动传达。2000年后，随着人民群众消费能力的提升、消费需要的多样化，人们开始追求纯度更高的"999银"银饰品。但在当时，此项工艺技术在国内还处于发展初期，尚不成熟，生产出来的产品成功率较低。为满足人民群众的消费需要，孟剑锋广泛查阅资料，反复錾刻，探索出浇铸"999银"的最佳温度和速度，破解了其工艺难题，提高了产品成功率。他用此项技术创作的产品荣获创新产品设计大赛的银奖。多年来，孟剑锋的作品因他的坚守和创新不仅在国内获得极高的赞誉，而且他的作品也逐渐走向国际，赢得世界的肯定。2014年，公司承担了3件APEC国礼设计任务，孟剑锋是其中《和美》纯银錾刻丝巾果盘的主要制作者之一。为最大限度展现中国工艺的精美之处，经过反复研讨，孟剑锋决定用纯手工编织的方式打造国之重礼，但手工编织银丝需要将银丝经高温软化，然后在温度降低之前手工快速编织。就这样，仅手工编织几天的时间，他的手就被烫起许多水泡，但他并没有因此而放弃，反而不断勉励自己。作为公司的技术骨干人员，越是重要的时刻越是不能"掉链子"。就这样，水泡变成了厚茧，手指因长时间地錾刻也变形，3个月后这件国礼如期制作完成，因其精美的錾刻技艺和其栩栩如生的形态而备获好评。

如果没有孟剑锋在学艺道路上的水滴石穿精神，或许他就不能习得如此炉火纯青的技术；如果没有他在创新之路上的推陈出新，或许他就不能生产出更多能满足人民需要的工艺品；如果没有他把技艺和仁爱大道的有机结合，或许他就不能锻造出如此精巧的国之重礼。大国工匠在日复一日的生产实践中既练技又修心，用登峰造极的匠技打造令人震撼的作品，在枯燥的练习中彰显高尚的匠人品格，以此达到了道技合一的境界。在新时代实现"制造强国梦"需要每一个工匠有那么一股子劲，那么一股勇气和决心，刻苦钻研练技艺，用卓越技艺贡献力量、成就梦想。

第三节　一丝不苟的工作态度

一丝不苟是指做事认真细致，最常见的地方也不放过，最细微的地方也不马虎，注重每一个细节，这体现着工人在执行精细作业时所具备的精神、认真的态度，这是从作风层面对工匠提出的要求，是工匠精神的基础。工匠在打造自己的产品时，特别是在制造精品力作时，是高度专注、心无旁骛的，表现出一种全身心投入的工作状态。而一丝不苟的工作态度正是工匠在长期的实践中逐渐形成的。

一、严谨认真，注重细节

天下难事，必做于易；天下大事，必做于细。中国工匠对细节的把控令人赞叹，他们对细节的极端专注练就高水准的工匠技术，对细节的极端专注造就品牌效应，对细节的极端专注成就不凡人生。大国工匠正是在对细节的严格把控中投身生产实践，彰显时代工匠精神，实现人生价值，创造社会价值，用实际行动托举强国梦。

（一）"望闻问切，重在细节"

细节决定成败。大国工匠在岗位上总是持一丝不苟的工作态度，对待每一件经手的产品，高标准、严要求，严格规范操作步骤，降低失误率、提高合格率，彰显大国工匠精益求精的精神风貌。大国工匠黄孟虎就是这样一位重细节的代表人物之一。黄孟虎，航空工业西飞维修电工高级技师，大家都称他为维修界的"扁鹊"。从业20余年的他，怀报国之志，在岗位上努力学习知识，钻研技术，在实践中提升操作能力，参与多个重大科研项目、设备维修和国家级发明专利等30余项。黄孟虎从理论到实践每一步都稳扎稳打，他从初入车间的一名普通技工到如今维修领域大师级别的人物，为企业设备的正常运维、企业效益做出重要贡献。他曾获"全国技术能手"称号、全国五一劳动奖章、"国防科技工业技术能手"称号等荣誉。

刚参加工作的黄孟虎深知自身技术还不够成熟、深知作为一名航空领域的维修人员所承担的重大责任，因而他立志多学习，要站在航空维修领域的顶端，为此他常以更高的要求和标准对待自己。在工作中，黄孟虎不仅一边跟随师傅学习维修操作知识、请教实践技术问题，还充分利用业余时间大量阅读专业书籍，在别人休息时，黄孟虎在车间练习维修技术，在操作中提升技能。黄孟虎在实际操作时总是把心放在手中的维修设备上，认真仔细地查找设备故障之处，他对待设备维修之事不敢有丝毫马虎。他曾为了维修好一个设备彻夜查找资料，甚至在吃饭时都在想维修一事，反复推论、不断实践，最终才啃下了这块硬骨头。正是因黄孟虎对维修设备的一丝不苟，为企业创造了巨大的收益，他在维修界的声誉越来越响，不仅成为企业首席技能专家，而且成为中华技能大奖获得者。

黄孟虎正在介绍工作室情况

　　工作中的黄孟虎标准高、要求严，尤其注重细节。数控设备是一个复杂的系统，维修的难点是排查原因，此过程如医生看病般须"望闻问切，重在细节"，而易被忽略的细节其实就是问题所在。这不仅考验着黄孟虎对细节的把控，更是他对工匠精神的解读。在一次设备维修中，数位维修师反复地检查设备，但是都没有发现设备的故障所在。到达车间的黄孟虎和维修师傅交流，仔细观察设备结构，随后找来维修工具并告诉维修师应该检查设备哪个位置。果不其然，听从了黄孟虎维修建议的维修师们很快就将故障设备维修好了。原来，维修师们忽略了设备某一个毫不起眼之处，可就是这一细微之处竟把好几位维修师都难住了。细节决定成败，正是因黄孟虎对细节的重视才会有高品质的产品，因重视才会有成功。于细微之处见精神，中国工匠秉着对工作细节的把握，在岗位上一丝不苟，展现出新时代工匠在职业中兢兢业业的工作态度，体现了他们在工作中谨小慎微、极端负责的态度，他们身上所彰显出的职业精神在当今时代发出了灿烂光芒，散发出工匠精神的时代芬芳。

（二）"细节，细节，除了细节，还是细节"

任何行业都需要一丝不苟，重视细节的工作态度，像爆破这样危险的职业尤其如此。陈远春就是这样一位在爆破领域充分体现严谨认真的大国工匠。陈远春，中国能建葛洲坝集团易普力新疆爆破工程公司准东分公司爆破队队长、一级爆破工。陈远春从20岁开始就从事爆破一行，这一做就是20余年。爆破行业是一个极其危险而又重要的行业，说它危险是因为炸药剂量稍微有一丁点儿的变化就会产生不可小觑的破坏力，严重一点儿甚至会危及生命。自入行就深知爆破重要性的陈远春在工作中总是小心翼翼、一丝不苟地对待每一项爆破任务，认真确认爆破炸药剂量，严格按照行业行为规范实施爆破行动，规范爆破流程。自担任爆破队队长以来，在陈远春手中从来没有发生过一起爆破事故，为此，陈元春被评为"荆楚工匠""优秀爆破高技能人才"，是当之无愧的大国工匠。

世上无难事，只怕有心人。对任何人而言爆破都并非易事，就连"爆破能手"陈远春都不能说对爆破一事信手拈来，如他所说："爆破工作的高危性质让人每天都感觉是在战场上。"爆破、炸药意味着危险和责任，正因如此，从学徒成长为如今的爆破队队长，陈远春每时每刻都在学习。学徒时期的陈远春认真学习爆破的基本知识，从最开始的雷管、炸药和行业规范知识到基础的实践操作，每一个步骤他都不敢放松，一丝不苟地对待。成为队长后的他发现爆破队伍中一些年轻队员的爆破技术有待提高，他们缺少对爆破流程规范的深刻认知，这样导致了现场的爆破任务完成质量不够高。为此，他不仅组织队员利用业余时间学习爆破知识，而且带领团队依据国家标准制定并实施了《实施爆破标准作业流程》等多项制度。陈远春对爆破工作的极端负责体现了他的坚守和细致，正是在他的带领下，团队通过一系列措施不仅从整体上提升了队员的爆破技术，而且强化了队员对爆破流程规范的理解。

"细节，细节，除了细节，还是细节。"爆破行业是一个极其危险的行业，陈远春也深知其中的危险，但他一经选择便从来没有后悔过，他只是不断地告诫自己万分小心、细致。在对三峡三期工程中的某一段实施爆破工作时，他和他的团队面对遇水极深、所需炸药剂量超大、起爆段数极多等多种爆破难题的挑战。面对挑战，陈远春和他的团队没有退缩，他带领工人仔细检查每一道程序，检查雷管和炸药剂量，认真研讨爆破方案。在进行爆破任务前他不断询问自己和团队每一个爆破地是否安排妥当，在脑海中仔细梳理、排查可能会出现的问题，任何细微之处他都没有放弃。在爆破中，他严格按照行业规范和操作流程，采用最严格的爆破技术方法，严格控制每一次的炸药剂量。正是由于陈远春在爆破中秉持一丝不苟的精神，追求细节的负责态度，陈远春和他的团队才取得了一次又一次的胜利。从业20余年，陈远春和他的团队高质量地完成各种爆破任务已超1万次，且陈远春团队实施的爆破工程从未出现过事故。而陈远春对爆破工作的精益求精和认真负责的工作态度，更是让他和他的团队在行业中获得了极高的评价和地位，直接为其所在企业带来了崇高的声誉和不菲的经济社会价值。陈远春在爆破中展现了高超的工匠技术，他用实际行动切实体现出新时代的大国工匠在岗位上对工作任务认真细致、不马虎的职业态度，彰显出大国工匠之范。

二、谨慎细致，精雕细琢

习近平总书记指出，今天，我们比历史上任何时候都更接近、更有信心和能力实现中华民族伟大复兴的目标。但要实现这个目标，需要全体中华儿女勠力同心、砥砺奋斗。行者方致远，行百里者半九十。在实现中华民族伟大复兴的征程中，需要每一个中华儿女攻坚克难、勇毅前行，需要每一位工匠在岗位上谨慎细致，精雕细琢，带着一丝不苟的工作作风投入工作，在岗位上发挥工匠精神，凝聚的时代力量。

（一）"不留一个多余的焊锡颗粒"

从"嫦娥奔月"伊始，中华民族就致力于探索太空。飞天梦是中华民族的不懈追求，远大的目标推动中国的航天事业越走越远。如今，中国的航天水平跻身世界一流水准，离不开众多默默无闻的航天工作者。中国航天空间环境探测仪器研制领域的张爱兵就是这样一位代表人物。张爱兵是中国科学院国家空间科学中心研究员，拥有3项专利发明，其专利发明填补了国内众多空白。从业多年的张爱兵始终秉持一丝不苟的工作作风，在岗位上兢兢业业，精雕细琢。2010年，从业仅7年的张爱兵就获得了探月工程嫦娥二号任务突出贡献者的荣誉称号，2018年获评中国科学院首届"十佳科苑名匠"。

对张爱兵而言，践行工匠精神，就在于对细节的重视。张爱兵从事的是探测仪器研发工作，而所有飞上天的仪器均要用到探测仪器，这就意味着探测仪器不能有丝毫的差错，因为一旦飞上天就没有任何维修的可能。刚参加工作时，张爱兵有幸加入中欧合作"双星计划"项目，他和团队研制一台探测离子的仪器。在仪器准备随卫星发射时，他们在检测仪器时发现了一个小小的焊锡颗粒，它是一种导电物质，如若随卫星升空将对卫星产生致命危险。这一次的检测经历成为张爱兵工作中的巨大鞭策。他深知身为航天事业队伍中的一员，需要投入更多的精力，需要秉持谨慎细致的工作态度，注重每一个细节，弘扬一丝不苟的工匠精神。

参加工作已20余年的张爱兵自毕业进入研究中心以来就一直从事天基空间等离子体探测技术的研究，在实践中致力于突破仪器研制中的关键技术。他成功研发的新型探测仪器和各项空间环境探测技术指标达到国际先进水平，填补了国内航天领域的诸多空白，更是有力推动了我国空间等离子体就位探测仪器的飞跃式发展。在中国航天事业的发展中，诸如张爱兵这样的航天工作者还有许许多多，也正是因为有谨慎细致、重视细节、精雕细琢的航天工匠们在岗位上一丝不苟，中国的航天事业才能在困境和挑战中实现一次又一次的跨越式前进。

（二）"大只是外在，精才是内在"

大礼不辞小让，细节决定成败。大国工匠在岗位上尽职尽责，甘于寂寞，一生只做一件事，对质量严格把控，用行动体现平凡工作中一丝不苟的精神。在国机集团所属国机重型装备集团股份有限公司工

作的龙小平，就是这样一位用行动彰显一丝不苟精神的大国工匠。龙
小平是国机重装的高级技师，先后荣获中央企业技术能手、全国技术
能手、中国重型机械行业大工匠等称号。他用谨慎细致、精雕细琢
的工作态度彰显了时代工匠在岗位上的坚守和对细节的极致追求的
品质。

龙小平正在操作仪器

对龙小平而言，从事精加工工作，就是要秉持一种对产品精雕细
琢、精工细作的工作态度。在工作中一丝不苟，谨慎细致地对待产
品。工作中的龙小平胆大心细，在实践中提升"刀上功夫"。2014
年，龙小平接到核电转轴任务，要求在重达上百吨的大型轴类产品上
做出精度在0.01毫米以内的加工，这对任何一名操作工人而言都是一
种极限挑战。龙小平在接到任务后的30多天里，从早到晚，和团队马
不停蹄地试切、失败、调整，不断失败但又不断地试验，最终他们成
功了。在他们的精雕细琢下，团队将加工精度从0.01毫米提升到0.003
毫米，精度提升到原来的3.4倍。精度的提高有赖于龙小平和团队在实

践中始终如一地坚持谨慎细致、精雕细琢的工作态度和职业精神。正如龙小平所说，产品的大只是外在表现，其内在体现的却是精和细。精和细不仅指工匠技艺的高超，更指工匠一丝不苟的工作作风。30多年来，龙小平和团队在岗位上始终秉持一丝不苟的职业精神，用谨慎细致和精雕细琢的职业态度开启了行业的大型轴类件精深加工的微米时代，用零缺陷的优质产品诠释着工匠精神，用行动践行着中国梦。

第四节　追求卓越的创造精神

追求卓越就是指工匠永不自满、永不停止奋斗，通过最大限度的努力，追求极致完美效果、达到超凡出众水平的态度和行为，是工匠在品质层面的要求。中国工匠在生产实践中无论面临怎样的艰难险阻，始终保持初心，在岗位上踏踏实实地工作，守正创新，在新时代不断实现人生价值，创造社会价值，积极投身实现"中国梦"的伟大征程。

一、敢于突破，勇攀高峰

中华民族历来就是一个不惧艰难险阻、在实践中不断创新的伟大民族。伟大的民族孕育出一批又一批优秀的工匠。在历史前进的长河中，这一批批工匠用崇高的工匠品德和时代精气神践行工匠精神的内涵要求。

（一）"我们的职业价值都记录在一项项大工程、一次次技术创新中"

自古以来，中国工匠的身体中就流淌着迎难而上、革故鼎新的血液。中国工匠因这鲜活的血液在社会发展的历史画卷中留下了令人震撼的作品和不朽的精神瑰宝。在中国物流运输界就有这样一位人物，他用行动彰显大国工匠的精神风貌，他就是魏振民。魏振民，北京祥龙物流有限公司副总工程师。他虽只是一名普通的劳动者，却能把崇高的责任感和精湛的技术熔铸进工作中，小心翼翼地呵护着公司昂贵的运输器械和装备。工作中的魏振民不怕困难、迎难而上，在勤奋工作中坚守初心，大胆创新，不断突破技术瓶颈和难关。他在工作中表现出攻坚克难、持续创新的工匠精神，坚守和创新为企业物流运输发展做出重要贡献，被评为全国劳动模范。

物流运输界的巨无霸是超限运输，其所运输物资的长、宽、高、重均超过一般物流运输极限，要成功运输这些物资不仅需要多个部门协同配合，更需要其项目负责人攻坚克难的精神。魏振民参与的2008年北京奥运会和残奥会的转场超限运输项目，是他从业多年来所遇最严峻的挑战。在这个超限运输项目中，他不仅面临着七大类、几万件的转场运输超大货物量，更面临着如何在短短1个月的时间里出色地完成任务的挑战。从魏振民一接到任务开始，他就和团队连夜开会，讨论分工，认真设计、修改运输方案，他每天在场地的工作时间超过10小时，有时甚至熬夜工作。对魏振民而言，超限运输虽比普通运输项目的获利空间更大，但是它也预示着高运输风险、高技术要求以及难以预估的棘手问题。因此，魏振民每一次面对超限运输任务时都像在面对大型考试，用遇到问题迎难而上的精神面对困难，迎接挑战，在困境中攻坚克难，砥砺前进。

对已从事运输行业30余年的魏振民而言，他的职业目标是做一名行业的领军者，为此，他不仅在工作中勤奋刻苦学习，而且在实践中大胆创新，攻破技术难关。魏振民对于有关超限运输的一切知识都表现出强烈的兴趣和热爱，为能更好掌握这门技术，他一有时间就投入书的海洋，如饥似渴地汲取相关知识，努力学习机械、电力、力学、英语等知识，踏实认真的学习为他的超限运输技术打下了良好的理论基础。不仅如此，多年来的学习和工作经验让魏振民养成了一个习惯：无论走到哪儿，身上总会带上一个笔记本和一支笔。就为了能随时捕捉灵感，就是这样一个随时记录的习惯给他带来了许多好点子。一次，魏振民在处理厦门一处变电站的变压器问题时遇到了新情况。变电站所在地的坡度较大且附近有一个办公楼，如果按照魏振民原有的方案进行，可能会使得载有上百吨货物的牵引车在上坡道时因动力不足而产生下滑危险，安全有效地运输这一批上百吨的货物成为魏振民面对的挑战。此时的魏振民一边用树枝在沙地上写写画画，一边在脑海中思考方案。突然，他的脑海中灵光一闪，他放弃原有方案，重新制订了一个新方案：由两辆牵引车同时牵引，再让一辆牵引车绕至办公楼一侧，另一辆则通过钢绳拉载货物。问题解决了，魏振民只是增加了一辆牵引车，改变了牵引的方法，但新方法更加省力也更加安全可靠。

多年来，魏振民在岗位上不断克服困难，在实践中创新。尽管魏振民因技术创新而获得了许多奖励，但他更在乎如何把解决问题的思维传递给年轻工人，为企业、社会和国家做贡献。正如他所说的，把职业价值记录在一次次技术创新中。魏振民在实践和创新中致力于成为行业的翘楚和业界领军者，他身上所展现出的攻坚克难和创新精神，是中国工匠在工作中对工匠精神的践行。中国工匠在困难中磨炼技艺，在提升技艺中创新工艺，用担当彰显不怕困难的大国工匠品格，用行动凝聚推动社会发展、国家进步的精神力量。

（二）"现成的路没有，为什么不可以闯出一条新路呢？"

困难和创新如孪生兄弟般如影随形地存在于人们的生产生活中，困难虽暂时会阻碍人们的工作，但困难也会激发创新意识，人们在克服困难的过程中往往会想出新方法，用新方法解决难题，创新也由此成为推动国家前进的动力引擎之一。在桥吊领域就有这样一位攻坚克难、不安于现状、守正创新的人物，他就是竺士杰。竺士杰，宁波舟山港北仑第三集装箱码头有限公司桥吊班大班长。竺士杰在码头从事集装箱等大型货物吊运工作已有20余年，在这20余年的操作实践中，他摸爬滚打地在岗位上历经各种磨炼，在不懈奋斗中成长，从一名普普通通的技术工人到如今令人敬佩的大国工匠。竺士杰用锲而不舍的恪守、攻坚克难的决心生动地诠释了追求卓越的创新精神。码头吊货工作平凡而又枯燥，但竺士杰在岗位上刻苦努力，用精湛的技艺谱写出当代工匠在平凡的岗位上吃苦耐劳、守正创新的壮丽诗歌。他被授予全国劳动模范、全国五一劳动奖章、全国技术能手等荣誉。

2002年是竺士杰在宁波港工作的第四年，在这4年的时间里，他从一名青涩的工人逐渐成长为能独当一面的桥吊司机，他的桥吊技术

水平在同一批的员工中名列前茅。但即便如此，竺士杰还是发现他
在实践操作中会遇到自己解决不了的问题。当桥吊技术达到一定水准
后，如何使集装箱装卸得更稳、准、快，这一难题他困惑已久。为解
决这一难题，竺士杰不断和师傅交流学习，一段时间后，他的技艺有
所提高，难题却仍然没有解决。此时，竺士杰冒出一个大胆的想法，
既然现成的路走不通，何不另寻新路？为此，他不停地查找资料，不
断试验，甚至回到母校向老师们请教，功夫不负有心人，他无意中看
到了钟摆的运动轨迹，脑海里闪现出集装箱装卸的运动轨迹。他产生
了一个想法，能不能运用钟摆理论解决难题呢？一旦有了想法，他便
立即行动。可是，理论虽简单，实践操作却很艰难，需要解决的操作
问题也有很多。对此，竺士杰只有一遍又一遍地操作，数不清的操作
次数让他的虎口处磨出了血泡。一遍又一遍，一天又一天，他这一试
验就是一年多，终于在2003年时，他用自创的操作手法解决了难题，
使集装箱装卸得更加稳、准、快。正是因竺士杰在工作中不逃避问
题，以积极的态度面对难题，用攻坚克难的精神解决难题，才有了他
在码头桥吊领域的卓越技术和骄人成就。

竺士杰在吊桥作业现场指挥工作

　　竺士杰在工作中敢为人先、守正创新。他在操作实践中自创的新桥吊方法极大地提高了桥吊的工作效率，创造了当时宁波港集装箱装卸的纪录，其水平之高，已达到了国际领先水平。企业决定将竺士杰独创的新操作方法命名为"竺士杰操作法"，以个人的名字命名操作法在当时是十分少有的，足可见竺士杰的创新能力之强、水平之高。不仅如此，竺士杰还以此操作法为理论基础，以实践为支撑，不断总结经验，积极创新，创作了《竺士杰工作法》一书，该书因极具实践可操作性，一经面世便大受欢迎并多次再版。多年来，竺士杰和他的创新团队在实践中不断探索，连续不断地推出了20余个创新产品，这些创新产品为桥吊技术带来了更多的技术革新。他以技术革新为依托，不断优化操作流程，助推宁波港的桥吊技术在创新中一次又一次向前飞跃。榜样的力量无穷大，像竺士杰这样的大国工匠正是因为有追求卓越的创造精神的激励，才在实际行动中攻坚克难，开拓创新，练就卓越技术，创造不平凡的业绩。

二、精进不休，勇于创新

　　全球制造业已进入创新发展的新时代。中国制造高质量发展必然对新时代工匠精神提出新目标，并带来新机遇、新挑战。只有大力弘扬工匠精神，才能实现《中国制造2025》的目标。近几年，我国以供给侧结构性改革为主线，对传统产业进行新一轮技术改造及升级创新，加快做大做强新兴产业集群，着力解决发展不平衡、不充分问题，加快实现质量、效率、动力的变革，加快实现向中国创造、中国品牌转变。在这一过程中，精进不休和勇于创新成为工匠精神传承和发展的不竭动力，是新时代伟大实践中工匠必须具备的素养。

（一）"从不把时间浪费在停留和等待上"

随着中国持续发展和崛起，中国产品的品质和品牌越来越受国际关注，中国制造已引起世界关注。在中国航空产业领域有这样一位代表人物，他就是C919大型客机结构设计主任设计师刘若斯。毕业于南京航空航天大学飞行器设计与工程专业的刘若斯，称得上是一名术业有专攻的专业人士，但他在从事飞行器设计时从不敢掉以轻心，尤其是在接到须自主设计C919大型客机的结构设计任务之时。

C919 大型客机成功研发下线

C919每一处零件结构的细微调整，均牵扯到结构设计。刘若斯作为飞机设计研究院结构部副部长，对飞机结构设计尤为重视。"较真"是刘若斯身上独特的品质。他和团队曾接到通风窗的设计任务，但他们无相关可供参考的资料，仅有一个其他飞机通风窗的样品。即便是在这样的条件下，他和团队仍连续一个月待在飞机制造车间，不断地突破条件限制，提出新设计方案，和材料、制造等团队不分昼夜地讨论、试验。历时720小时，刘若斯和团队最终设计并生产出符合要求的飞机通风窗。对他和他的设计团队来说，晚上8点半下班是很正常的，加班是常态，曾为了某一结构的设计他早已不记得熬过多少个通宵，出过多少次差。在他看来，为尽快地解决问题，不应把时间浪费在停留和等待中，如此才能成功。正是因为刘若斯在飞机结构设计中秉持着较真态度，才有了技艺的提高和创新思维的萌发。

C919大型客机多年前立项，经过刘若斯团队多年来不断研发和持续创新，国产大型客机C919终于在2017年5月5日首飞成功。C919的首飞成功，预示着中国航空产业正从制造大国逐渐走向制造强国，C919大型客机打破了国外的技术垄断，让中国成为除美、英等少数国家外能够自主制造大型客机的又一国家。中国从制造大国迈向制造强国，需要的是如刘若斯般在岗位上不断精进技艺，在困境中勇于创新和追求完美的大国工匠，正是他们在岗位上展现出的精进不休、勇于创新的精神为中国制造增添了精气神，中国制造才能在激烈的竞争中把握新机遇、战胜新挑战。

（二）"不断创新，只有这样，才能跟得上时代发展的步伐"

创新是中华民族鲜明的特质和禀赋，体现的是追求突破、追求极致、追求卓越的精神内涵。在百年未有之大变局的复杂局势之下，中国工匠在实践中孜孜以求，精进不休，用实力说话，用创新说话。在柴油发动机领域就有这样一位人物，他就是山东潍柴动力股份有限公司的首席技师王树军，以敢于挑战不可能、勇于突破加工限制和不断创新的精神带领团队取得成功，成了业界工匠中的一面旗帜。从业30余年的王树军不断在实践中精进技术，突破技术的樊篱，带领团队在困境中用创新打破国外的技术垄断，用创新推动行业进步，用高超技艺赢得业内鲜花和掌声。2018年王树军获评"大国工匠年度人物"，2019年荣获全国五一劳动奖章，2020年荣获"全国劳动模范"称号。

王树军深知创新的重要性，在他看来，只有创新才能促进技师的进步和强大，只有创新才能使行业发展。他认为，作为一名好的维修工人，不单单要修好设备，更要不断学习，不断创新，只有这样，才能跟得上时代发展的步伐。为此，王树军和他的团队勤学实干，用不服输的干劲挑战国外权威。维修需要高精设备，光栅尺便是其中之一。作为数控机床最精密的部件，一旦损坏就必须更换，但采购设备耗资巨大，还严重影响正常生产。王树军却大胆质疑国外权威，认为是光栅尺的设计出了大问题。面对来自众人的质疑，他和团队用一周的时间找到了加工中心光栅尺设计漏洞，又花费大量时间攻克了光栅尺的设计难题，搭建了全新的气密气路，不仅降低了故障率，为企业创造上百万元的经济效益，而且打破了国外技术垄断，填补了行业空白。

在创新的艰苦道路上，王树军从不敢有丝毫的懈怠，他对技术的追求如同医生望闻问切般严肃以对，正是因为他对创新的极致追求，他才能在实践中一次又一次提出新见解和新方案，打破国外技术垄断的瓶颈，填补国内相关技术空白。中国制造在走向中国创造的道路中充满荆棘，但也正是因为有无数像王树军这样的大国工匠，他们在岗位上不仅"输血"而且还自主"造血"，在岗位上始终如一，持续提升中国制造的创新活力，他们用苦心钻研、精进不休和勇于创新的精神彰显新时代中国工匠的光辉形象，用实际行动诠释了工匠精神的内涵。

第三章
工匠精神的时代价值与重要意义

　　工匠精神是中华文明的重要组成部分，是中国人民几千年来辛勤劳作与智慧创造的结晶。中国特色社会主义进入新时代，工匠精神之所以引起全社会的广泛关注和热烈反响，是因为现代社会尤其需要工匠精神强势回归。工匠精神是制造业的灵魂，是高品质生活的保障，是职业人的素养，是个体实现发展的精神力量。工匠精神契合新时代的发展需要，对于增强国家经济竞争力、坚定文化自信自强、涵养良好社会心态和实现个体发展等都具有重要价值和意义，只有准确把握时代把脉，紧扣时代发展的需要，才能深刻认识工匠精神的积极作用，理解培育工匠精神的必要性和紧迫性。

第一节 增强国家经济竞争力的精神资源

2014年11月9日，习近平主席在亚太经合组织工商领导人峰会上指出："中国经济呈现出新常态，有几个主要特点。一是从高速增长转为中高速增长。二是经济结构不断优化升级，第三产业、消费需求逐步成为主体，城乡区域差距逐步缩小，居民收入占比上升，发展成果惠及更广大民众。三是从要素驱动、投资驱动转向创新驱动。"①在中国经济发展进入新常态后，经济发展从以"量"取胜到以"质"取胜、从"制造大国"迈向"制造强国"，不断提升国家经济竞争力。而国家经济竞争力的提升，除了要具备有形的物质资源外，还要具备无形的精神资源。工匠精神就是一种无形的精神资源，在推动企业转型升级、提升产品质量、增强市场竞争力中发挥着重要作用。

一、实现创造性发展的时代要求

党的十九届五中全会已经确立"十四五"时期经济社会发展以推动高质量发展为主题。中国经济要实现高质量发展必须不断刺激经济

---

① 习近平：《谋求持久发展 共筑亚太梦想》，《人民日报》2014 年 11 月 10 日。

活力，实现创新，才能有竞争力。

　　创新是工匠精神的灵魂，工匠在生产实践中产生的新思维、提出的新方法、创造的新产品，均可称之为创新。创新，作为发展的动力源泉，有力地推动国家和社会的进步。中国大步迈向现代化强国必须加快创新型国家的建设步伐，因此，大力培育和弘扬工匠精神，有利于提升创新能力，对中国进一步构建创新型国家、提升中国在全球创新版图中的地位、增强中国在国际舞台中的话语权具有重要意义。在信息化和智能化的冲击下，科技进步和技术创新成为建设创新型国家的重要支撑。在此背景下整个国家都面临着转型升级，工匠也要与时俱进。在当下，科技进步和技术创新的基础是拥有创新思维的人才。目前，新一轮技术革命的时代浪潮为中国的发展提供了科技进步和技术创新的时代条件。中国要发展也需要技能型、创新型的时代技能大军，需要他们在岗位上坚持守正创新之道，发挥精益求精的精神。在时代的浪潮中，用新技术推动中国步入创新型国家。而工匠精神则为培养中国发展所需的时代大军提供了精神沃土。

　　进入新时代，中国科技发展迅猛并取得了举世瞩目的成就，"天眼""嫦娥四号""天问一号""中国疫苗"等这些伟大成就的背后离不开工匠废寝忘食、夜以继日地工作，他们在顺应时代潮流中加强理论学习，在年复一年的实践中练就高超技艺，成为行业中的佼佼者，在一次次的创新中推动行业发展，他们充分发扬了精益求精、守正创新的工匠精神。中国工匠把工匠精神注入每一道生产工序之中，浇铸在每一件产品里，通过传承培育出更多的创新人才，在传承传统匠技的基础上革故鼎新，创造新技艺和新产品，这些具有工匠精神的创新人才在实践中逐渐成为新时代加快建设创新型国家的主力军。因此，新时代大力弘扬工匠精神不仅能为中国培养符合新时代潮流的技能型、创新型的时代工匠，加快推动建设创新型国家的步伐，更能助推中国发展乘势而上，在朝着第二个百年奋斗目标发展的重要时刻提供前进动力，助力中国经济在新时代朝着更加稳健的方向发展。因而，弘扬工匠精神成为中国实现创造性发展的时代要求。

二、推动制造业转型升级的驱动力

制造业是一国经济增长的支柱性产业，在国民经济中占据重要地位。以信息技术为代表的新一轮技术革命正处于方兴未艾的重要时期，提高了制造业的数字化程度，推动了制造业生产方式的技术革新，增强了制造业的国际竞争力。中国制造业必须紧跟时代潮流，完成实现制造业转型升级的重要战略任务，而工匠精神是推动中国制造业转型升级的驱动力。"制造业要转型升级根本的出路在于创新，使创新成为驱动发展的主要动力，实现从要素驱动、投资驱动转向创新驱动的根本转变。"[1]制造业的发展必须与时俱进，智能制造成为未来制造业发展的重大趋势，弘扬工匠精神有利于提高制造业创新能力，提升中国制造业生产质量，推动中国制造业转型升级。人是生产力中最为活跃的因素，具有极强的能动性。弘扬工匠精神，培养创新人才，提升行业的创新实力，对在新时代进一步推动中国由制造大国迈

---

[1]　苗圩：《制造业转型升级的根本出路在于创新》，中国经济网，2017 年 3 月 19 日。

向制造强国意义重大。

工匠精神作为一种软文化，对制造业生产质量的提高具有刺激作用。一方面，精益求精的工匠精神要求工匠在产品生产中选用最好的材料，用最好的制作工艺，在追求卓越中打造优质产品；另一方面，工匠精神内含创新要素，在创新思维的激励下，工匠不断促进产品质量的改进，严把生产的每一道质量关。正是在工匠精神的激励下，工匠在实践中才能不断刻苦地钻研专业技艺，利用一切资源增强自身专业素养，用精益求精和崇尚质量的职业精神生产高质量产品；工匠在岗位上充分发扬工匠精神，用创新精神解决问题，通过创造新技术，有利于提升整个行业的技术水平和产品的质量，刺激市场对新产品的需求，促进企业向中高端发展，助力行业化解过剩产能。对高品质产品的追求不能仅依靠科技的力量，还要依靠大国工匠，在弘扬工匠精神的过程中提升中国制造业生产质量。

制造业在工匠精神的激励下更加注重产品质量。工匠在岗位上积极进取，在调整制造业生产结构过程中贡献自身力量，推进了产品质量与国际水平对标达标，促进了中国制造的品质革命。工匠精神是提升制造业生产质量的重要法宝，对推动制造业转型升级具有重要价值。大力弘扬工匠精神能提高中国制造业的创新能力和生产质量，化解制造业产能过剩矛盾，助力中国走向制造强国。

三、打造企业品牌的核心要素

品牌是企业的一张明信片，是企业生存发展的重要奠基石，企业拥有良好的企业品牌和口碑能在未来发展之路上行得更远。李克强同志指出："加强品牌建设，增加优质供给，是实现高质量发展、更好满足人民群众对美好生活需要的重要内容。"①可见打造优质企业品牌对满足人民美好生活需要非常重要。而优质企业品牌的建设则与工匠精神的弘扬有着极其深刻的关联。新时代弘扬工匠精神有助于增强企业品牌的竞争力，提升企业品牌的知名度。当前，企业要想在国际市场取得竞争的优势，提升竞争力，就要拥有高质量产品和良好的口碑。然而，对我国企业而言，其品牌竞争力较弱的原因在于以下两方面。一方面，企业生产既有的材料、设备等硬件技术同国际大品牌相比仍有较大的差距；另一方面，在企业品牌建设过程中还存在软件方面的差距，"从软件上来看，创新能力不够、质量的保持和持续改进能力不足，缺乏持之以恒、精益求精的工匠精神"②。

弘扬工匠精神，不仅能缩小中国企业生产的硬件设施同国际大品牌的硬件设施间的差距，还能厚植企业品牌建设所缺乏的软文化，增加企业品牌竞争的软实力，从而增强其品牌竞争力。正如2016年的政府工作报告中提到，"要鼓励企业开展个性化定制、柔性化生产，培育精益求精的工匠精神，增品种、提品质、创品牌"③。

首先，工匠精神是提品质、创品牌的关键。就产品本身而言，一方面，对产品的精益求精能够推动产品精品化，形成自身的品质优势。在激烈的市场竞争中就有可能地占领较多的市场份额。工匠精神

---

① 《李克强强调：着力增品种提品质创品牌》，新华网，2018年5月10日。
② 《多措并举提升中国品牌竞争力》，国新网，2017年9月13日。
③ 《2016年政府工作报告》，《人民日报》2016年3月18日。

能够让劳动者在生产过程中专注于某一个领域、某一件产品，将产品的细节做到极致，始终保持追求卓越的理想状态，改变过去产品单一、质量低劣、竞争力不足的状况。在手工业时代，从产品的构思到制作都凝结了工匠的智慧和劳动，因此工匠对每一件作品都饱含情感。对工匠而言，产品的质量就是声誉。在大数据时代，依托"互联网+"的模式个性化定制、柔性化生产成为可能。工匠精神使产品的品质得以提升，满足了消费者高品质生活的需要。其次，弘扬工匠精神，有利于培育产品品牌。伴随国内消费需求的升级，人民群众希望获得更高品质的产品和服务，渴望品牌化的消费。我国正在推进供给侧结构性改革，改革主要依靠去产能、去库存、去杠杆的手段。以薄利多销为目的的产品制造已经不能适应时代的发展，这就需要在整合各种先进资源的基础上，创设产品品牌并进行品牌营销。利用产品的精品化、品牌化能够获得更大的利润空间。工匠精神中一丝不苟的精神使产品本身的品质得以提高，产品品牌化。消费者在购买、使用以及售后服务等整个过程中获得更为满意的用户体验。

第二节　坚定文化自信自强的精神纽带

民族发展的血脉和传承通过民族文化体现出来。文化自信是指对自身文化价值的充分肯定，对自身文化生命力的坚定信念，对既有文化优良传统的肯定与坚持。2016年7月1日，习近平总书记在庆祝中国共产党成立95周年大会上提出，"全党要坚定道路自信、理论自信、制度自信、文化自信"①。工匠精神是中华文明的重要组成部分，弘扬工匠精神，对于传承中华优秀传统文化、涵养社会主义核心价值观、体现新时代职业道德伦理意义非凡，对在新时代条件下坚定文化自信自强具有重要价值和时代意义。

一、传承中华优秀传统文化

工匠精神是中华优秀传统文化的精华。庖丁解牛的故事展现了一个工匠的"心—神—身"联动的妙境；秦国李冰父子主持修建的都江堰水利工程，历经千年而不衰，是工匠精神的真实体现；鲁班在中国古典家具制作中体现的工匠精神流传千年。工匠精神为当前改革开放和社会主义现代化建设提供了强大的动力支撑。工匠精神传承了中华优秀传统文化的精髓，具体体现在工匠精神展现了天下兴亡、匹夫有责的担当意识。手工艺是我国的传统工艺文化，是劳动人民智慧的结晶。传承手工艺文化饱含了历史责任感。工匠对自身产品的高度负责、执着与对产品质量的追求，蕴含着社会责任担当意识。

2016年央视播出的《我在故宫修文物》中，工匠身上所体现出来的工匠精神就是社会责任担当意识的最好诠释。工匠有的是对青铜器、宫廷钟表、陶瓷、木器、漆器、百宝镶嵌、织绣等文物进行修复，有的是对书画进行修复、临摹和摹印。工匠通过自身日常的工

---

① 习近平：《在庆祝中国共产党成立95周年大会上的讲话》，《人民日报》2016年7月2日。

作，在文物修复领域努力完整地呈现国宝文物的原始状态和收藏状态，充分展现了古代中国"士农工商"四大阶层中"工"的信仰、技术沿袭与变革。工匠精神还体现了天人合一的共生思想。宋代哲学家张载强调人与自然的统一，提出"天人合一、民胞物与"。天人合一是天道与人道的协调统一，即人与自然的和谐。古代工匠遵循着天人合一的要求，取之于自然，顺应自然。工匠精神自古就有天人合一的精神传统。总之，工匠精神传承者具有强烈的社会责任担当意识，传承着天人合一的共生思想，不断推动对民族文化的认同，为坚定文化自信自强奠定了坚实的基础。

二、涵养社会主义核心价值观

党的十九大报告指出，"社会主义核心价值观是当代中国精神的集中体现，凝结着全体人民共同的价值追求"[1]。在国家层面，社会主义核心价值观提出了富强、民主、文明、和谐的价值目标；在社会层面，社会主义核心价值观提出了自由、平等、公正、法治的价值取向；在个人层面，社会主义核心价值观提出了爱国、敬业、诚信、友善的价值遵循。工匠精神有利于推动社会主义核心价值观中对公民诚信和敬业的要求，促进对国家富强文明的追求的实现。爱岗敬业是工匠精神的重要体现，尊重劳动是社会主义核心价值观的重要内容。社会进步和国家富强依靠人们具体的劳动，而在劳动过程中需要人们秉

---

① 习近平：《决胜全面建成小康社会 夺取新时代中国特色社会主义伟大胜利——在中国共产党第十九次全国代表大会上的报告》，《人民日报》2017 年 10 月 28 日。

承和践行工匠精神才能完成。工匠精神强调崇尚劳动，尊重劳动者的价值，这与社会主义核心价值观所倡导的内容是相一致的。

工匠精神从国家层面、社会层面和个人层面涵养了社会主义核心价值观，推动了社会主义核心价值观的培育和践行。从国家层面看，工匠精神是国家富强文明的重要推进因素和精神保障。经济全球化推动了世界各国的竞争，作为国民基础的制造业成了竞争的焦点，产品的质量成了制造业竞争的关键点。以精益求精的工匠精神为驱动力，以提高产品质量为目标，不仅能够提高中国制造业的国际竞争力，为中国现代化建设提供物质基础，推动国家实现繁荣富强，而且能够传递正能量，让人们认识到认真严谨、精益求精的重要性，促使国家文明水平的提升。

从社会层面看，工匠精神规范了企业竞争的秩序，推动了市场经济公正平等秩序的建设。工匠精神将企业之间的竞争转移到产品品质的竞争，能够遏制唯利是图、投机取巧等恶性竞争，实现企业竞争的良性循环。在收获高品质产品的同时，能够进一步完善市场经济公平公正的市场秩序，推动社会公正平等价值观的培育和践行。

从个人层面看，工匠精神是爱国、敬业、诚信、友善的重要体现。对每种职业和每个岗位，工匠精神要求以认真严谨投入的态度，生产、完善和改进产品，提升产品的品质。工匠对在自身平凡岗位上所表现出来的敬业和诚信体现在对产品设计的一丝不苟、对原材料的精心选择、对工艺流程的精准把握、对细节的精雕细琢、对产品质量要求的至善尽美。当产品远销海外时，产品的品质也代表着国家的形象，在这个层面上，强调产品品质彰显爱国之情。

三、体现新时代职业道德伦理

民谚云：三百六十行，行行出状元。各行各业都能"出状元"，但成为"状元"的要求可不低。而职业技术能力和职业道德水准，是衡量行业佼佼者甚至"状元"的重要标准。工匠精神体现了新时代的职业道德伦理。

首先，工匠精神展现出工匠爱岗敬业的职业道德取向。爱岗敬业既是工匠在工作中对工匠精神的诠释，又是最基本的职业要求。他们在工作中真情投入，用一腔热血突破技术瓶颈，提高创新能力，用专注认真的态度锻造产品。他们在工匠精神的鼓舞下，用实际行动展现爱岗敬业的职业道德，用高品质产品和售后服务呈现出热情服务的职业品质。其次，工匠精神展现出工匠诚实守信的职业道德要求。在市场交易中最为看重的是信守承诺，工匠严格遵守每一次的产品交付时间期限，用诚信之精神制造产品，用重诺之坚守完成交易行为，为促进市场经济的健康运行提供精神力量。再次，工匠精神展现出工匠热情服务的职业道德品质。工匠的职责不仅是为社会提供高品质、多样化的产品，而且还在于为社会提供优质的产品售后服务，因而，他们还需要以热情的售后服务回应消费者对产品的售后需要。最后，工匠精神展现出工匠奉献社会的职业道德风貌。工匠在岗位上兢兢业业，在一次次不懈坚持中奉献自身，用无私奉献的精神促进行业技艺的提升。工匠在勤奋工作中不断提升技艺，在攻坚克难中持续创新，他们在提高自身素养的同时也在提升行业的生产水平。正因如此，工匠中的佼佼者成为职业道德模范。工匠精神以其丰富的精神内涵展现出新时代对建设者的职业道德要求，体现出新时代职业道德伦理。

在新时代，职业道德伦理与工匠精神内容具有共通性，弘扬工匠精神不仅成为新时代职业道德伦理建设的重要着力方向，而且成为展现其精神内涵的重要平台，对促进职业道德伦理的落实具有重要价值。

第三节　涵养良好社会心态的精神支撑

"良好的社会心态，是促进个人、社会、国家发展进步的重要心理基础，是国家文化软实力的重要组成部分，社会心态是改革发展的'风向标'、文化建设的'晴雨表'、社会稳定的'安全阀'。"[1]弘扬工匠精神，不仅为工人提供道德指引与精神支撑，而且对普通大众也具有感召、引领和激励的功能，从而在社会上形成崇尚劳动、敬业乐业、专注认真的社会风气。

一、涵养热爱劳动的社会心态

中华民族波澜壮阔的伟大历史是人民群众创造的，归根到底就是劳动创造的辉煌历史。如今，全面建设社会主义现代化国家的伟大事

① 肖汉仕：《实施全民健心工程 提升人民幸福指数》，《中国民康医学》2013 年第 25 期。

业需要全体人民一起努力奋斗完成。中华民族自古以来就是一个勤劳勇敢的民族，热爱劳动、崇尚劳动是中华民族的优良传统美德，正如习近平总书记所说，"中华民族是勤于劳动、善于创造的民族。正是因为劳动创造，我们拥有了历史的辉煌；也正是因为劳动创造，我们拥有了今天的成就"①。而工匠精神凸显劳动的意义，有助于涵养热爱劳动的社会心态。工匠精神实际上是一种劳动精神，是普通劳动者在平凡的岗位上，通过辛勤的、创造性的劳动，展现出来的一种令人感动惊叹的精神品质。这启示我们，劳动可以有内容之别，但没有贵贱之分，任何劳动都是光荣的、崇高的，它既是个体创造人生价值的关键要素，也是促进社会文明发展的必要途径。这也启示我们包括体力劳动者在内的任何劳动者，都是可爱的、值得敬重的，只要能够诚实劳动、认真钻研，不论何种岗位的劳动者都可以做出杰出的成绩。

首先，勤奋专注作为工匠精神的理念，为社会成员提供了涵养热爱劳动的精神养分。大力弘扬工匠精神，就是为社会成员在面对投机取巧等各种不良社会风气时提供勤奋专注的精神养分，让社会成员在勤奋专注中感悟劳动的意义和价值，从而在内心坚定劳动实现梦想的信念。其次，工匠精神彰显出劳动者的劳动精神，为社会成员提供了涵养热爱劳动的精神养分。劳动者在工作中挑战自我，突破极限，用实际行动营造劳动光荣的社会风气和积极向上的精气神，弘扬工匠精神就是让这样的劳动精神润泽社会，滋润心灵。最后，工匠精神能够有效整合社会不良风气和病态心理，为社会成员提供涵养热爱劳动的

---

① 习近平：《在庆祝"五一"国际劳动节暨表彰全国劳动模范和先进工作者大会上的讲话》，《人民日报》2015年4月29日。

精神养分。工匠精神以其强大的精神滋养作用，在潜移默化地影响社会成员对劳动看法的过程中，能够肃清当前社会存在的不良风气，用劳动光荣的正能量呼唤劳动之风吹遍社会每一个角落，滋润社会成员的精神世界。内含劳动光荣的工匠精神已成为热爱劳动的精神力量之基。因此，弘扬工匠精神，既有助于劳动者自身树立信心，保持自豪感、荣誉感，激发劳动热情、焕发劳动光彩，主动创造出更加美好的生活，也有助于"纠正当前一定范围内存在的轻视劳动特别是轻视普通劳动者的不良风气"①，引导全社会形成关于劳动重要性的正确认知，培养热爱劳动的情感，从而在全社会营造出劳动光荣、崇尚劳动的良好氛围。

二、涵养敬业乐业的社会心态

敬业是中华民族的传统美德，乐业是一种高尚的职业境界。时代在进步，需要与之相呼应的精神品格，工匠精神有助于涵养敬业乐业的社会心态。敬业是指对自身职业怀有一颗敬畏之心、保持一种恭敬之态。在日常工作中，有时会发生一些"凑合""差不多""还行"等敷衍塞责的现象，胡适的《差不多先生传》就对这种现象进行了讽刺，很有启发意义。培育和弘扬蕴含着爱国敬业、精益求精等内涵的工匠精神，有助于纠正这种含糊态度，引导人们充分认识自己所从事的工作是整个社会链条运行中的一个重要环节，其背后承载着发展社

---

① 刘建军：《工匠精神及其当代价值》，《思想教育研究》2016年第10期。

会、造福人民等沉甸甸的意义与使命，从而激励他们精益求精，严格把控细节、极力保证质量，高度负责地完成工作任务。工匠精神具有潜移默化的思想浸润作用。工匠精神内蕴的敬业精神，体现在工匠用勤勉的态度对待每一项任务。

而乐业是指对自身职业怀有热爱的情感和浓厚的兴趣。古人曾说：知之者不如好之者，好之者不如乐之者，乐之者不如行之者。乐业作为一种安于职守、乐于效力的职业作风和精神品格，对在新时代用强大的精神力量营造社会乐业风气、涵养乐业的社会心态具有重要价值。工匠精神是营造社会乐业风气的重要精神力量。工匠精神内含的乐业精神，体现的是劳动者对自己所从事的职业的热爱之情。也因为这份热爱，才使得劳动者在工作中真情投入，在日复一日重复练习中提高工作能力，在枯燥的工作中奉献青春、贡献力量，在克服困难中开拓创新。培育和弘扬工匠精神，有助于引导人们对工作投入真情实感，化被动为主动，竭尽全力地把每一件事情都做到最好、做到极致，并从中收获创造价值的乐趣。

三、涵养静心专注的社会心态

高效率、快节奏的现代社会生活方式使得大多数的社会成员生活在高压状态之下，缺少了追求极致的执着与持之以恒的专注，产生焦虑、浮躁等不良心态。而促进社会发展和国家进步需要社会成员拥有一颗静得下来的心，在静心中产生并滋养正确的社会心态，在静心中习得知识，获得提升。正如习近平总书记所说的，"静心读书、静心思考，主动加快知识更新、优化知识结构，使自己任何时候才不枯、智不竭"①。

工匠精神有助于涵养静心专注的社会心态。培育和弘扬蕴含着真情投入、执着专注等内涵的工匠精神，有助于引导我们调整工作的节奏和状态，学着慢下来、沉得下心、耐得住性子，以饱满的热情、真诚的态度、钻研的劲头、平和的心情，全力以赴地投入劳动过程，积极发挥能动性与创造力。工匠精神也有助于激励我们始终坚守初衷，不为功名所累、不为困难所惧，将精力集中投入那些真正创造价值的事情，持续专注地奋斗，从而成就一番伟大的事业与充实的人生。正所谓，"欲速则不达""非淡泊无以明志，非宁静无以致远"。

弘扬工匠精神就是让社会成员在感悟工匠精神中学会静、学会思，最终在静与思中做到笃行。首先，弘扬工匠精神就是让社会成员通过了解优秀工匠事迹，感悟工匠身上的静之风范，在潜移默化中学习工匠展现出来的静心品质，这有利于在全社会营造静心的氛围。其次，弘扬工匠精神就是让社会成员在学会静的基础上学会思。古语说，学而不思则罔，思而不学则殆。社会成员向工匠学习，不仅要习得静心品质，而且要在学习中学会思考。在工作中遇到困难，静下心，在静中思考解决问题之道，在思考中获得成长。最后，弘扬工匠精神就是让社会成员真正在静与思中做到笃行，使得静心的社会心态通过社会成员的实际行动获得精神养分，从而得到涵养。工匠精神是滋养专注社会心态的精神土壤，弘扬工匠精神就是滋养专注的精神品

① 黄敬文、兰红光：《当好全国改革开放排头兵 不断提高城市核心竞争力》，《人民日报》2014 年 5 月 25 日。

格，促使社会成员在专注于工作中发挥出职业价值，在工作中实现人生理想。大力弘扬工匠精神有利于涵养热爱劳动、敬业乐业、静心专注的社会心态，工匠精神是在新时代涵养良好社会心态的精神支撑，对凝聚强大的精神力量具有重要价值。

第四节　促进个体实现发展的精神力量

社会发展的同时也要求个人发展。社会个体中，特别是青年一代有理想、有本领、有担当，国家就有前途，民族就有希望。个体的发展离不开正确的方向指引、自身综合素质的提升以及实践力量的支撑。工匠精神作为一种精神力量，在促进个体发展的过程中起着价值引领、实践动力的作用，推动着个体成为有理想、有本领、有担当的时代新人。

一、引领个体树立理想信念

理想信念是个体对未来的向往和追求，是对某种思想或精神坚信不疑并身体力行。理想信念指引人生的奋斗目标，提供人生的前进动力，提升人生的精神境界。理想信念在个体发展中起着价值引领的作用，是个体发展的实践起点。

工匠精神对个人层面的价值首先在于其如精神火炬般引领个体树

立自身的理想信念。一方面，工匠精神是一种职业精神，其中的爱岗敬业包含着职业理想和职业信念。职业理想和职业信念的形成有利于增强个体的职业认同感，让个体的发展成为精神的依归。工匠精神内含敬业爱岗、执着专注的精神和信念，这些信念强化了个体对理想信念的认同，为促进个体进一步坚定理想信念提供充足的养分。有了职业理想和职业信念的支撑，个体就会将自身工作当作一份事业。工匠精神让个体增强自身的职业信念和职业动力。在具体的生产实践中，工匠精神中所蕴含的精益求精、勇于创造品质不仅对劳动者的生产实践具有指导作用，而且成为劳动者的一种职业追求。劳动者希望通过自身的认真踏实、勇于创新和追求卓越实现自我职业理想。工匠精神将劳动者的目标、方法、勤奋等融为一体，体现了人们对工作与生活的热爱，激励着劳动者不断地突破自我。

另一方面，工匠精神在职业态度层面表现出来的持续专注、精益求精的坚守也推动着个体信仰型人格的形成。工匠精神蕴含执着专注、追求卓越、攻坚克难、守正创新的精神力量，这种精神有助于个体在踏实勤奋、追求卓越中坚定个体理想信念。工匠精神作为一种职业精神，体现的是勤奋、认真、专注的品质。弘扬工匠精神就是让个体在工匠精神的激励下脚踏实地地工作，用一点一滴的实际行动完成梦想，在专注、静心中高质量完成工作任务，在踏实、勤奋中锤炼技艺，追求卓越。个体在长久坚持中将生活态度、艺术涵养、文化养分融于技艺，最终升华成坚守之美的精神境界，让工匠对技艺形成精益求精的追求。因此，大力弘扬工匠精神不仅对个体坚定理想信念具有积极意义，而且对个体信仰的形成具有重要作用。

二、推动个体自身能力提高

个体的全面发展不仅要有方向的指引，更重要的是自身能力的提高，从而成为有本领的时代新人。个体"硬实力"和"软实力"是自身本领的两个重要方面。这两个方面的增强意味着个体自身能力的提高，实现了个体成长成才。个体的成长成才离不开具体现实的社会实践活动。工匠精神是社会物质生产实践活动的成果，对个体的能力和品格的提升有着实践指导作用。

一方面，工匠精神能够增强劳动者物质生产能力。传统工匠的制作活动是一种持续性的创造活动。工匠需要对技艺和产品不断地进行完善。"工匠可以随意左右自己的行动。因此，工匠可以从工作中学习，在劳动过程中使用并发展自己的能力及技能。"[①]工匠精神要求劳动者对自身的工作以及自身的产品有一种投入的状态，让产品有生命力和创造力，这会促使劳动者不断地提升自身的知识和技能。习近平总书记指出，"劳动者素质对一个国家、一个民族发展至关重要"[②]。这深刻反映出个体的知识技能素质对一国发展的重要性，反映出当今社会越发需要知识技能更高的劳动者。工匠精神是促进个体提高知识技能的精神助推器，大力弘扬工匠精神有利于推动个体提高知识技能。

另一方面，工匠精神促使个体自我反思能力的提升。工匠精神就如同一面镜子，让个体不断地将自己的行为和工匠精神中爱岗敬业、

---

① ［美］弗洛姆：《健全的社会》，孙恺详译，贵州人民出版社1994年版，第71页。
② 《弘扬精益求精的工匠精神 激励广大青年走技能成才技能报国之路》，《人民日报》2019年9月24日。

精益求精、持续专注、责任担当等品质进行对照，形成自身的内驱力，驱使自身不断完善自我，最终拥有自身核心的竞争力。工匠精神所起到的作用就如同一尺标杆，驱动个体自身"硬实力"和"软实力"的增强，最终实现成长成才。弘扬工匠精神就是鼓励个体在岗位上坚持学习，用求知若渴的学习态度孜孜不倦地工作，在岗位上真情投入，在尽职尽责中不断进取，用勤勉的工作态度展现劳动者个体的敬业精神。因此，"要在全社会弘扬精益求精的工匠精神，激励广大青年走技能成才、技能报国之路"[①]。工匠精神是知识经济背景下督促更多个体努力学习知识技能的精神推动器，大力弘扬工匠精神不仅有助于提高个体的知识技能水平，实现个体全面发展，而且有利于为社会和国家提供高端人才，为社会发展提供重要助力。

三、促进个体实现自我价值

工匠精神究其内涵体现的是一种职业精神，它是职业态度、职业理想等精神风貌的综合表现，是从业者的职业行为和职业价值取向的生动体现。在实现中华民族伟大复兴的实践中，需要众多能工巧匠积极投身社会发展，在岗位上充分发挥职业精神。

新时代弘扬工匠精神有助于个体形成良好的职业态度。首先，弘扬工匠精神有利于促进个体形成爱国敬业的职业态度。爱国敬业不仅作为社会主义核心价值观对公民个人的要求，也作为个体的职业态度

---

① 《弘扬精益求精的工匠精神 激励广大青年走技能成才技能报国之路》，《人民日报》2019年9月24日。

而发挥着重要的激励作用。工匠精神内含爱国主义力量，弘扬工匠精神能够激发个体身上的爱国力量，能够激励个体在岗位上奋发图强，用高度的责任感，强烈的民族自信心、自豪感投入工作。爱国主义力量还能在实践中督促个体在岗位上兢兢业业工作，用实干回馈社会和国家。其次，弘扬工匠精神有利于促进个体形成勤奋专注的职业态度。勤奋专注是任何职业必需的职业态度，个体只有具备勤奋专注的工作态度才能在工作中有所成就和发展。工匠精神是促进个体在工作中不懈努力、吃苦耐劳的内生精神力量，激励个体在岗位上踏实地工作，真情投入实践，为个体获得成功打下了良好的基础。最后，弘扬工匠精神有利于个体形成精益求精的职业态度。个体获得成功离不开其对"精"的执着，个体只有不断追求工作细节的"精"、技艺的"精"、产品的"精"，才能取得长久的进步和发展。弘扬工匠精神就是鼓励个体在追求更加精致和精湛中，不断发扬精益求精的工作精神，用一丝不苟的态度对待工作，激励个体在工作中用耐心和恒心提高技艺，用追求卓越的严谨态度创造产品；形成良好的职业态度，在工作中刻苦钻研，提高职业技能水平，促进个体实现职业理想，从而实现人生价值。

人的价值体现为人类社会与个体之间、个体与个体之间、群体与群体之间的相互需要和相互满足的关系。人的价值是自我价值和社会价值的统一，人在劳动中实现个人价值的同时也创造社会价值。在这个过程中，工匠精神是个体的自我价值和社会价值实现的精神力量，是一种实践动力。个体在自然和社会中生活，是以实践的主体而存在的。劳动是人类生存和发展的基础。马克思指出，"任何一个民族，如果停止劳动，不用说一年，就是几个星期，也要灭亡"①。作为一种劳动精神，工匠精神倡导爱岗敬业、诚信友善，引导个体兢兢业业地做好本职工作，提倡通过认真劳动去实现自我价值。在实现个体自我价值的基础上，工匠精神还有利于推动个体实现社会价值。教育片《大国工匠》讲述的中国现代工匠，都在为实现中华民族的伟大复兴贡献自己的力量，实现着自身的社会价值。可以说，实现自我价值和社会价值是个体发展的落脚点。

---

① 《马克思恩格斯选集》第 4 卷，人民出版社 1995 年版，第 580 页。

第四章
培育工匠精神面临的困境、挑战及其成因

　　工匠精神是伴随手工业产生并在工匠的社会实践中不断发展完善的。在当前的中国社会，这一精神直接或间接地保留在社会文化、传统工艺和生产流程中。同时应该看到，在多元化的社会价值观冲击下，工匠精神在传承与弘扬过程中面临一些困境与挑战。对此做出系统的阐述与分析，并追溯成因，可以为扫除培育工匠精神的障碍提供现实依据，从而拓展新时代培育工匠精神的思路。

第一节　培育工匠精神的时代条件

　　工匠精神是中华文明的重要组成部分，是在技艺和品德传承中形成的文化，它表现的是一种复杂的文化形态。工匠精神倡导的是立足传统技艺，在技艺传承的基础上不断实现技术的改进和产品的创新。工匠精神不仅根植于中华古老的文明之中，融合于社会文化之中，而且传承于世世代代精工细作的工匠身上，彰显于一件件精美绝伦的艺术品之中，还烙印在精湛的传统工艺之中，存在于新兴的定制行业之中，是新时代创造高质量生活、建设制造业强国所不可或缺的品质。而这一精神以不同的文化形态呈现出的历史基因、工艺品质和人文情怀，既给我们继承和弘扬工匠精神提供了土壤和基础，也是新时代培育工匠精神所具备的时代条件。

一、社会文化中存在工匠精神基因

　　所谓工匠指的是手工业者，是以手工劳作为基本方式的劳动者。恩格斯指出，工具的使用是人脱离动物界的第一步，劳动使人真正成为人，并且推动人类文明不断演进。如果把器物当作人类文明发展进步的标志，那么各个文明中的器物都是由工匠创造的。我国历史上的能工巧匠非常多，传说中远古时代便有最早钻燧取火的燧人氏、最早造房的有巢氏等。他们用自己的智慧，不仅满足了同时代人们的生活需求，也彰显了自己的价值，赢得了人们的尊敬。在悠久漫长的历史岁月中，工匠行业经历了逐步细化分解的过程，演变出木匠、石匠、铁匠、泥匠、捻匠等上百种类别。生活中，从生活用品、艺术品到建筑工程，无一能离开工匠的一双巧手。在发达的工匠制度下，工匠的制作技艺得到了不断提升，逐渐形成了丰富的工匠精神体系，并在工匠的制作过程中得到弘扬与发展，最终深深地注入工匠的身体血液，扩散到古代民众生活的各个角落。

自给自足的自然经济以及手工业的发展促进了中国古代工匠行业的发展，工匠通过师徒相传的方式将技术与手艺传承下来，并培育了工匠精神。"传统手工业作为古代经济结构的重要组成部分，它的迅速发展与人们最基本的生活需求息息相关。手工业被称为复活了的历史化石，优秀的手工业品更是我国工匠在长期劳动的过程中创造出来的文明成果。"[1]我国古代科技发展水平高，成果众多，处于世界领先地位，是与古代工匠的高超技术水平与对作品认真严谨的态度休戚相关的。"鬼斧神工""游刃有余""出神入化"等词语，描述了古代工匠的精湛技艺。工匠精神追求技术与精神的统一，讲求务实精神与求巧求精的创造精神。工匠通过理论与实践的结合，依靠个人的精湛手艺，力求达到作品的完美。可以说，工匠精神产生于手工业中，是手工业行业发展的重要体现，是手工劳动者敬业、创新等品质的精

---

[1] 张迪：《中国的工匠精神及其历史演变》，《思想教育研究》2016年第10期。

神凝结。中华优秀传统文化铸就了道技合一的工匠精神，不仅留下了珍贵的文化遗传，也为技术人才的培养以及职业教育的发展提供了实践经验。

近代随着机器大工业的发展，手工业受到冲击，工匠行业受到影响，但是工匠群体并未消失，工匠技艺仍然留存，工匠精神依然在中国社会存在并发挥重要的作用。工匠依旧在工作中兢兢业业做事，用精湛的技艺打造产品。无论是散落在民间的理发师、修鞋匠，还是个体工商业、民营企业中的工匠，他们都在不断提高技艺水平，用自己的手艺创造与发展品牌。百年老店和中华老字号就是近代工匠精神发展的重要见证。例如，同仁堂药店、六必居酱园、张一元茶庄等，这些企业与品牌传承了古老的工艺，具有深厚的工匠文化底蕴。

近代以来，随着科学技术的发展，虽然我国大部分行业或者产业原有的生产制作方式已经被机器大工业替代，但工匠精神在政府与社会的弘扬下呈现良好的发展态势。尤其是中华人民共和国成立以来，工匠精神在科学技术事业中发挥了巨大作用。新中国成立后，面对严峻的国际形势，为抵抗帝国主义的威胁，我国在百废待兴时成功研制"两弹一星"。1970年第一颗人造卫星发射成功，开启了中国航天新纪元。"两弹一星"研制与发射的每一环节都凝结着工匠技艺，体现出工匠的吃苦耐劳、攻坚克难、开拓创新等品质，这是工匠精神的体现。正是隐藏在背后的工匠推动了我国国防事业和科技事业的发展，增强了我国自力更生的力量与信心。

如今，在中国的社会中依然蕴含着工匠特质的文化基因，这种文化已经根深蒂固地渗透在国民的肌体里。人们逐步认识到再先进的技术也无法代替工匠,再高速发展的科技也代替不了工匠精神的引领,工匠精神是行业发展不可或缺的重要精神。工匠精神并不守旧,依据时代发展的需求传承传统工艺,并在此基础上开拓创新。据统计,在"您愿意成为有工匠精神的人吗?"的调查中,绝大多数受访者表示"愿意成为",比例占受访者人数的91.7%,而明确表示"不愿意成为"的只有3.7%。[①]这表明,在当今中国,工匠精神有着较高的大众文化认同感。中国工匠人数众多,在工匠制度的保障与工匠精神的滋养下,中国自古以来就是世界上重要的贸易出口国。古代丝绸、瓷器、雕刻、漆器等制品被源源不断地运到世界各地,广受赞誉。而在当今,中国是世界第一制造大国,享有世界工厂的美誉,从精巧别致的小工艺到高精尖的科技产品,都能看到"Made in China"的标志,制造业已成为中国走向世界的标识。据不完全统计,中国从事制造行业的技术工作者已经达到全国劳动力总数的70%以上,换句话说,在中国每10个劳动力中就有7个是工匠。

人类在长期生产和生活的过程中,逐渐学会使用工具,而工具的改进推动了人类文明的发展。可以说,一部人类文明史其实就是一部工匠史。有了工匠,才有了人类文明。人类除了会制造生活和生产所需的工具,还会制作艺术饰品,这具有非凡的意义。因为艺术饰品可以集中体现人类不同族群的审美理念和文化思想。应该说,在中华文明5000多年的历史长河中,中华优秀传统文化铸就了道技合一的工匠精神,这不仅留下了珍贵的文化遗产,而且为技术人才的培养以及职

---

① 王玲英、顾伯贤、束顺斌、王长伟、赵雪平:《没有工匠,哪来工匠精神》,《解放日报》2016年6月6日。

业教育的发展提供了实践经验。

中国是一个文明古国，得天独厚的条件造就一批又一批的能工巧匠，匠人在工作中全力以赴并力求达到极致，这是工匠自身独特的品质，工匠精神正是这些品质的高度凝练，同时深深地烙印在具有民族性、地域性和群体性特征的社会文化基因之中，这种文化土壤在现代社会仍然留存。

二、传统工艺领域保存工匠精神

中国传统工艺在工匠世代相传的精湛技艺中得以发展至今，是制造业中的一个特殊领域，多是工匠就地取材，凭借其高超的技艺手法制作成具有审美与艺术鉴赏价值的工艺品，具有颇为鲜明的民族风格与地方特色。中国传统工艺早在旧石器时代就存在。在古代，工匠的工艺流程从简单到复杂。他们的工艺制作一般以木、石作为主要材料。木制品取材简单，制作轻松，一个树枝做加工就能成为棍棒，再做刮削，就能成为筷子等生活用品。相较于木制品，石制品就复杂得多。工匠首先要做的是将大石块碎裂，而"碰砧"这种初级加工方法应运而生。工匠使用这种工艺方法，选择较大的石块作为石砧，再挑选小石料与石砧进行碰撞，针对掉落石片的形状，有选择地加工，使之成为"雕刻器""砍砸器""刮削器"等。之后工匠再通过诸如锤击、摔击之类的方法，继续打磨石料，使之变为人们心目中理想的形状。

在旧石器时代，制作工具相当缺乏。早期工匠打造一把石镰，利用的技术、产生的新意，若论创造的难度，远非现在一台大型机床可比。而且从古代工匠的作品中不仅可以看到实用性，还能看到艺术性的创造。如我国目前已经出土的金缕玉衣。金缕玉衣的制作，有非常严格的工艺要求。因其象征王侯贵族的身份，为了维护其威严，汉代的统治者挑选工匠，设立了专门从事玉衣制作的"东园"。制作一件金缕玉衣需要工匠对大量的玉片进行选料、钻孔、抛光等，并把玉片按照人体不同的部分设计成不同的大小和形状，再用金线相连。10多道工序着实复杂。现在我国徐州博物馆珍藏着一件国宝级的金缕玉衣。这件玉衣长175厘米、宽68厘米，用1576克金丝连缀起4248块大小不等的玉片。其中玉片全部用新疆和田白玉、青玉组成，温润晶莹。整件玉衣设计精巧，做工细致，拼合得天衣无缝，是难得的艺术瑰宝。今天我们看到这些艺术珍品，不仅感叹工匠师傅高超精湛的技艺，而且感受到作品背后隐藏着精细、严谨、细致的工匠精神，这一精神激励着对作品品质的卓越追求。

如今，传统工艺遍及人们生活的方方面面，虽然具有不同的用途、出产地以及特色，但有一个共同点，那就是离不开"精""妙"二字。这是因为，每一件作品中都饱含了工匠的心血，每一道工作程序中都蕴含了尊师重道、刻苦钻研、精益求精、勇于创新的工匠精神。例如，精美的苏杭刺绣、别具一格的大漆工艺、举世闻名的瓷器、独一无二的宣纸工艺等，都是其中的杰出代表。

又如绞胎瓷工艺技术。这是河南焦作当阳峪的制瓷工艺，是唐代留传下来的一种传统工艺。绞胎瓷有着极为复杂与精密的制作程序，从烧制坯子到染色上釉，再到最后的高温定型，每一个步骤都有着特殊的温度与工艺要求，稍有差错便是差之千里，功亏一篑。绞胎瓷工匠必须秉持刻苦钻研、精益求精的态度，并紧跟时代潮流，不断创新制作工艺，才能使绞胎瓷这个传统工艺不断地传承与发扬下去。所以每一件绞胎瓷作品，都蕴含了厚重的工匠精神。

　　在当下的现实生活中，还有很多传承和发扬严谨细致、一丝不苟工作精神，具有高超工艺技术的典范。如2016年全国五一劳动奖章、浙江省劳动模范秦曙光。制造技术发展到今天，汽轮机制造的100多道工序都实现了自动化，唯独最核心的转子叶片安装，仍然依赖手工操作。而秦曙光就是专门负责转子叶片安装的师傅。说起转子，它是一台汽轮机的心脏，转子叶片的安装更是整个汽轮机生产技术的核心。别小看这项技术，工业汽轮机结构复杂，小型工业汽轮有上百片叶片，大机型转子有的多达4000个叶片，这些叶片都只能人工镶嵌，每相邻叶片的叶根围带之间贴合面用0.03毫米的塞尺检查，约为一根头发丝的1/4，而且所有叶片的安装角度要保证在既定的辐射线上，只要有一丁点儿偏差，所有努力都将前功尽弃。一旦造成损失，少则数百万元，多则上千万元。因此，转子叶片安装的精度要求非常高，完全依靠技师的经验和技术。如果安装的叶片误差超过了0.03毫米，秦曙光不用仪器测量，看一眼就能发现问题出在哪儿。秦曙光带领班组成员成功安装工业汽轮机几千台，装配精度达到设计要求，由他带领安装指导的10万等级空分装置工业汽轮机，成功打破国外的垄断，突破了世界汽轮机制造的最高工艺，为企业创造数亿元产值。[1]秦曙光作

---

[1]　陈锴凯、张晓燕：《劳模秦曙光：安装误差超过0.03毫米他一眼就能看出问题在哪》，《钱江晚报》2016年5月5日。

为一名优秀的工匠，正是抱有踏实、精益求精、遇到困难不退缩的精神，才登上了"大国工匠"的荣誉殿堂。

传统工艺领域从不缺乏工匠精神。每一件传统工艺作品中都蕴含了工匠刻苦钻研、精益求精、勇于创新的优秀品质，工匠精神就是在这些各具特色且美轮美奂的传统工艺中得到不断的传承与发展的。

三、定制热潮点燃追崇工匠精神的热情

2015年，国务院印发《中国制造2025》，提出实现中国制造向中国创造转变，中国速度向中国质量转变，中国产品向中国品牌转变。党的十九大报告强调，弘扬劳模精神和工匠精神，营造劳动光荣的社会风尚和精益求精的敬业风气。对此，政府高度重视工匠精神及其传承，引导劳动者将匠心注入产品，铸就非凡品质。自人类进入工业时代，机器代替手工劳动成为各个生产领域的常态，流水线形式的大批量生产大大提高了生产效率，丰富了产品种类，增加了产品数量，为社会发展做出了巨大的贡献。但后工业时代，在物质极大丰富的社会状况下，人们的消费需求逐渐发生了转变。随着人们个性化消费需求的日趋强烈，现代制造业中进一步呈现出人性化与定制化服务的新趋势，在这种趋势下，越来越多的定制产品与定制服务走进人们的生活，受到人们尤其是年轻人的追捧，这点燃了追崇工匠精神的热情。

定制产品在当前之所以受欢迎，主要有两个方面的原因。其一，人们对产品的要求更加多元化与个性化。人们希望标新立异，并通过购买不同特色的产品来表达自己的喜好与主见，这主要是大部分90后

与00后人群的特色消费观念带来的影响。而机器所生产出来的产品具有同一化的特点，在这样的情形下，越来越多的年轻人倾向于购买富有独特个性的定制产品。其二，人们开始更多地追求产品的质感，重视产品中所蕴含的情感因素与人文特质。相对于批量生产的产品，定制产品需要满足人们的不同需求，所以便决定了其手工生产的特点。如老北京布鞋，在中国家喻户晓，它舒适的脚感与品牌效应正是来自纯正的手工制作；中国著名的茅台酒，在收藏价值上分为1992年前制造与1992年后制造两种，这是因为1992年前的茅台酒制作工艺没有引进机器生产，属于纯手工制作，而1992年之后，是流水生产线制作，失去了纯手工制作的文化与精神价值，导致价格较低。

以上例子说明，手工制作的定制产品之所以价值高昂，是因为手工生产是建立在人与物的亲密接触之上，工匠将情感注入作品，与作品有着心灵层面的交流。制作时奉行着工匠的优秀品质，严谨、认真、专注、精进、创新，制作出的产品饱含了浓厚的工匠情怀与工匠精神，这种情感因素与人文特质是这些产品的价值所在。定制产品消费热潮的来临，为当代中国工匠精神的发展提供了重要的契机。所以，定制行业对传承与弘扬工匠精神起着重要的作用。

第二节 培育工匠精神面临的困境和挑战

在落实《中国制造2025》发展战略，实现中国制造向中国创造转变的过程中，工匠精神是重要的精神动力。然而，在如今短平快的生产方式和多元化的社会价值观冲击下，工匠精神在传承和发展过程中仍然面临诸多困境和挑战。分析当前工匠精神培育存在的困境和挑战，对中国制造业乃至整个中国的发展都具有重要的时代价值与历史意义。

一、民众对工匠精神认知存在偏差

对事物本质的认识，直接影响后续的路径选择。"工匠"与"工匠精神"这对概念在中国文化语境中有着悠久的历史，其内涵与特质随着历史的发展转变，而直至今日有人对二者的认识存在一定偏差。中国传统观念中推崇读书，认为"学而优则仕"，书读得好应该去从政，营造出"劳心者治人，劳力者治于人"的社会氛围，读书从政可以统治他人，拥有更高的社会地位，体力劳动者则受制于人，在社会中没有实质的话语权，得不到应有的尊重。所以，我国历史上工匠的社会地位一直不高，这使得愿意从事专业技术的人员较少。近年来，我们时常听到"技工荒"这个词，它最早出现在20世纪90年代，主要指随着我国工业的快速发展，技术工人供不应求的现象。"技工荒"的本质是工匠的缺失，从最初高级技术工人的短缺到技术工人普遍缺乏。

在不同历史时期，对工匠和工匠精神的认知受到生产力发展的影响。在前工业时期，劳动者的体力和手艺是其谋生的主要手段，工匠技术主要靠师徒或家族传承和发展。这一时期的技术特征表现为不同"师门"或"家族"的风格明显，标准化程度低，师徒间等级秩序明确，更注重技艺的传承和固守，而少有批判创新精神，工匠精神主要体现为对某一门手艺的熟练掌握。而工业革命以后，机械应用日益普及，匠人技艺的重要性在机械化大生产中被削弱。原本复杂、整体性的产品制造过程被工业化流水线生产分解为一个个简单的步骤，对产品的整体性把握要求急剧下降，设计、规划等创造性的工作逐渐从匠人身上剥离出去，出现了设计师、管理者等其他职业，工匠逐渐变成生产一线工人。在这一时期，对工人技术的要求标准化特征明显，产品质量、劳动生产效率的提高主要依靠的是机械设备的更新迭代，工人技术水平的提升大多是随着机械设备的更新而被动升级。

受传统思想观念的影响，很多人对工匠有一种刻板印象：认为工匠是一群手艺人，工匠精神是对师傅或者家族记忆的传承和固守；认为工匠是一线的生产操作员，是流水线上的熟练工；认为成为工匠是"学而劣"的无奈选择。这些刻板印象同样会降低工匠群体的自我认同感，认为自己所在的行业或者岗位对于社会没有多少价值和意义，自我价值的降低也会阻碍当代工匠精神的培育。

我国正处于产业升级的关键期，对于年轻高级技术工人的需求很大，但大量技术工人转行。我们必须承认生产力发展所导致的产业重心转移和不同产业间的变化，计算机、互联网、人工智能等新兴产业更吸引人。当大量社会资源涌入某个行业时，刚走上社会的年轻人很难不投入于此。这就会导致传统岗位人才逐渐凋零，新鲜血液无法及时补充。此外，仍有人对于职业院校和技术人员有一些偏见，成为优秀工匠并不是多数人的职业首选。近10年来我国技术工人的收入虽有较大提升，但只有少数特殊岗位的高级工匠才有较高收入。大多数普通技术工人收入虽然有所增加，但与理想生活水平还有较大差距。长此以往，普通技术工人很难对工作岗位保持长期积极性，甚至迫于生活压力转行。

二、对工匠精神的宣教仍需加强

尊师重道、刻苦钻研、精益求精、勇于创新等优秀品质，不仅适用于手工劳作行业，而且适用于其他行业。工作中，教师上好每一堂课、医生开好每一例处方、工程师画好每一张图纸……这些都需要工匠精神的支撑。而生活中，做出精致的饭食、搭配成套的服饰、清理橱窗上的灰尘……这些也都是工匠精神的体现。美国作家亚力克·福奇在《工匠精神：缔造伟大传奇的重要力量》中说，一切富有创新精神的工作者都是工匠之一。这个观点鲜明地表达了工匠精神在当今社会的适用范围。由于信息化与工业化进程的不断加深，工匠的定义已由原先狭义的手工制作者转变得具有更深刻的意义，就是现代社会中一切认真努力工作的敬业者。所以，工匠精神应适用于全社会各领域的职业类别。然而，目前很多人对工匠精神内涵依旧缺乏深刻的理解，对其理解狭义化，工匠精神没有被普遍适用于各行各业。

　　培育工匠精神，需要在全社会营造一种尊重劳动、劳动光荣的社会共识。而面对上述对工匠认识的狭义理解，当前的宣传教育不够到位，在某种程度上造成了工匠精神存在舆论误区。

　　比如，对工匠精神的时代价值的误读。有观点认为，工匠精神已经过时。起源于小手工业的工匠，已经无法适应现代自动化大生产，工匠精神与时代精神不符合。工匠因手工制作工艺方式，在产品上耗费的劳动时间长，与批量化生产的产品相比，不仅缺乏竞争优势，还满足不了人民日益增长的美好生活需求。但事实并非如此，工匠精神是一种对工作精益求精、追求完美与极致的精神理念与工作品质，它包含严谨细致的工作态度、坚守专注的意志品质、自我否定的创新精神，以及精益求精的工作品质。信息时代、智能制造时代，工匠精神不但没有过时，甚至比以往任何时候都更重要。

　　又如，一些学校对工匠精神的培育不同程度地存在问题。第一，对工匠精神培育主体的误读。错误地认为，培育学生的工匠精神仅仅是高职高专院校的事。其实，工匠精神的培育是全社会的责任。不同层次的教育衔接，构建现代职业教育体系，共同培育具有工匠精神的应用型、复合型人才。第二，应用型本科高校培育工匠精神的课程设置在数量与结构上存在明显不足。应用型本科高校是培养具有工匠精神人才的主阵地，而一些学校发展的"功利性"取向导致办学机制和资源配置存在缺陷，急功近利地追求"升学率"等指标，很难将培育工匠精神作为学校的重要任务。甚至一些以技术创新见长的高校都没有与工匠精神培育相配套的培养计划，在教学体系中缺乏系统的课程设置和周密的教学安排，多是依托就业指导、职业规划等公选课程开展工匠精神教育。第三，对工匠能力素质构成的误读。唯技能、轻理论的情况，仍不时发生。实际上，这仅仅是工匠能力素养在科技和教育不发达年代的表现。在知识经济和信息时代，一个优秀的工匠不仅要具有高超的技艺，还需具有一定的理论基础和科研能力，唯有如此方可不断创新、求精、求卓越。

三、对工匠精神的弘扬仍需加大力度

对工匠精神的学习与弘扬不到位，主要表现为工匠精神学习局限化，具体是指以整个社会作为受教群体，在学习工匠精神的过程中，受到人为或者自然条件的限制，不能完全投入学习与践行，以至于难以形成全民学习的良好社会风尚。这主要表现为两个方面，一方面是学习群体的局限化，另一方面是学习程度的局限化。这两方面的局限性会造成民众对工匠精神的低认知与低践行。

第一，学习群体的局限化。工匠精神被片面性地解读为制造业领域内精益求精的职业精神，因此工匠精神的学习与践行主体主要集中于制造业领域的工人。职业技术院校是中国制造业技术工人的主要培养阵地，目前对于工匠精神的学习就主要集中在职业技术院校的学生身上。工匠精神作为一种职业道德，被笼统地涵盖进学生的职业素养培训课程之中，并未受到特别的关注，受教群体并未真正形成良好的学习工匠精神的风尚。而在职业技术院校之外的环境中，由于缺少有效的职业道德培训与考核机制，难以调动起主动参与工匠精神学习的热情。工匠精神的学习在学校内外双向受限。

第二，学习程度的局限化。工匠一般指从事手工业生产制作并具有一技之长的人，那么凝结在从事手工业生产制作者身上的特质就是工匠精神，这种理解过于浅表化，造成对工匠精神学习程度的局限化。工匠精神是不同发展阶段的工匠在生产制造中的内在精神特质和外在技术表现的凝结，包含了精益求精的专业精神、敬业乐业的职业素养、严谨专注的工作品质、追求至善的人文精神。因此，工匠精神具有专业性、职业性和人文性三大特征。只有从这样的角度去认识工匠精神，才能从职业教育、职业院校和职业教育从业者三个方面，对职业教育的高尚目标形成一种正确理解，并做出脚踏实地的正确选择。而工匠自身的技能、技艺和技术是其精神体现的物质载体，也是工匠职业生涯的根本追求之一。与之相称的独特精神表现为工匠对自己专业独特的职业态度，没有这种职业态度，就不能够将自己的专业变成自己生命存在的方式，但更重要的是，工匠要有可持续发展能力、创新能力以及最终的社会人文关怀。

第三节　培育工匠精神面临困境和挑战的成因

马克思认为，"劳动首先是人和自然之间的过程，是人以自身的活动来引起、调整和控制人和自然之间的物质变换的过程"[①]。这一

---

① 《马克思恩格斯选集》第 2 卷，人民出版社 1995 年版，第 177 页。

物质变换的过程要在一定的社会关系中完成。工匠的劳动既是一个自然物质生产的过程，也是一个社会物质生成的过程，因而工匠精神的"对象化过程"和"物化结果"，既受历史条件的制约，也受社会关系的束缚，还受社会文化的影响。因此，培育工匠精神困境和挑战的成因，既有历史文化局限，又有社会经济影响，还有职业教育限制，是多个因素综合作用的结果，而且各个因素之间彼此不是毫无关联的。

一、历史文化局限：固化"劳心"与"劳力"的认知

《易经·系辞》中载："形而上者谓之道，形而下者谓之器。"所谓"重道"，即看重伦理，"成教化，助人伦"，是形而上。所谓"轻器"，即轻视技术，轻视手工业者，器即器物，是形而下。古代社会将平民职业划分为四种，即士、农、工、商，"工"在四民中仅排在第三位。"工"所包含的手工艺、制造业乃至科技发明等常常被视为"奇技淫巧"，对器物的追求常常被贬为"玩物丧志"。封建统治者出于巩固自身统治的需求，强调"万般皆下品，唯有读书高"，"读圣贤书"才是正途，普通人只有通过读书、参加科举考试才有可能进入上层社会。久而久之，形成了一种职业等级观念，人们对于手工技艺、制造技术越来越不重视，社会上对于从事手工业的工匠等体力劳动者也存在一定的偏见。这种"重道轻器"思想对工匠精神的发展有一定的消极影响。

从西汉"罢黜百家、独尊儒术"起，贯穿中国的整个帝制时期，

儒家思想一直居于主导和统治地位，科举考试主要考查考生对儒家经典的掌握程度。"学而优则仕"，只有熟读儒家经典，读书人才能够在竞争激烈的科举考试中胜出，入世做官。因此，儒家思想向来备受中国古代的文人推崇。儒家思想强调"万般皆下品，唯有读书高"，这里所说的"读书"并不是指上技术学校读书，也不是去学习一门手艺，而是指熟读背诵儒家经典。主流的儒家观念还宣扬"劳心者治人，劳力者治于人"。儒家思想就像一根指挥棒一样教导世世代代的读书人勤奋苦读，"头悬梁，锥刺股"，最终成为"劳心者"，成为管理和统治别人的人。而那些没有条件接受私塾教育或者是屡试不第的人只能成为"劳力者"。儒家认为工匠营营役役都是些奇技淫巧，不值得一提，君子应该修齐治平，"穷则独善其身，达则兼济天下"。

在"士农工商"四种职业的排名中，工匠的地位仅仅在商人之上。在教育后代上，儒家思想强调"耕读传家"，工匠地位卑微。而读圣贤书的目的是提高自我道德修养，进入仕途，成为士大夫阶层。这种根深蒂固的传统观念对国人形成健康的职业观构成一定的障碍。即使在现代，改革开放40多年来，依然不能完全摆脱传统思想观念的影响，这在潜移默化中固化了人们的思想和行为模式。虽然科举制度已经结束100多年，但高考竞争依然激烈，家长都希望子女能考上重点大学，很少有家长期望孩子上中专、职业学校等。长此以往，会导致人才结构不合理。而由于传统社会"重文轻技"和历代"重农抑商"政策的推行，传统工艺常被视作"奇技淫巧"而贬低，工匠精神的文化张力明显不足，难以自发地催生现代科技文明。更要看到，这种文化习惯和职业偏见可谓影响深远，以致今日有部分民众把学习掌握一门技艺看作无可奈何的谋生之举，对工匠职业及工匠精神时常抱着一种轻视的文化心态。

有这样一个例子。李鸿章在洋务运动时，建议朝廷在科举制度中对精通技术的应试者另设新科，他指出，"欲觅制器之器与制器之人，则或专设一科取士。士终身悬以为富贵功名之鹄，则业可成，艺可精，而才亦可集"。但是统治者并未认真考虑这一制度，实际上还是对制器之器和制器之人不认可，对科技没有理性的认识，而权当自救所用的工具。由此，工匠精神的培育首先要在思想上转变，正如潘光旦所言，"第一件我们应努力的事是思想上或民族观感上的补正……重整儒家的思想，重申通达三才而不蔽于人的人文思想"。笔者比较认同潘光旦的观点，儒家的思想是以人为本，所谓仁者，人也。其弊端是将科学和形而下的东西置于一旁，工与机巧被视同敝屣，对于科技的鄙夷不利于工匠精神的发扬。因此，要打破固化的思维方式，跟随时代发展的潮流解读工匠精神，在工匠精神的现代转型之际，摒弃"劳力""劳心"的观念，真正体悟工匠精神的精髓所在。

二、社会经济影响：过度追求物质利益的价值观念

改革开放以来，我国经济、政治、文化等方方面面都发生了巨大变化，而其中最为显著的就是商品经济的繁荣。现实社会的生活节奏快、生活压力大，难免催生心浮气躁的心态，一些人甚至追求"短、平、快"的即时利益，这种过度的逐利之风使传统文化滋养下的工匠

精神遭遇了前所未有的冲击。

第一，追求"短"而冲击工匠精神。"短"指产品的生产周期短，流动性大。追求"短"式发展，大大缩短了产品的生产周期，有利于企业分散资金与技术力量生产更多的产品，获得更大的经济利益，这是企业追求经济利益的属性使然。但一味或过度追求"短"的发展模式与工匠精神相悖，工匠往往"慢工出细活"，完美的产品胜在细节的打造，而打磨细节的劳动需要时间作为保障。当奉行工匠精神制作产品不能满足商品经济流转性快的需求时，工匠精神便会遭受市场化的冲击。

第二，追求"平"而冲击工匠精神。"平"指定位适中，价格低廉，容易被人民群众接受。中国有句俗语"物美价廉"，但真正精美的商品往往价格高昂，这是因为工人的劳动时间被换作商品的价值量出售给了购买者。而在研磨技艺中打造的具有工匠精神的产品，因为价格高于机器生产的产品遭到淘汰，使得工匠精神再次遭受市场化的冲击。

第三，追求"快"而冲击工匠精神。"快"指生产速度快、收益见效快、服务速度快。工匠的劳作不能等同于机器自动化生产链上被切割的机械性劳动，而是真正的手工劳作，是建立在人与物亲密接触的情感之上，所以必然是一个漫长的生产过程，不会获得快速的收效与利益。例如，当前新兴的定制化服务产业，在制作产品与服务顾客过程中，需要了解消费者特殊的喜好与要求，所以往往无法提供快速服务。而目前的商品经济中，快餐式消费依然占据主导力量，这使得工匠精神遭遇市场化冲击。

三、职业教育限制：培养体系与机制不够健全完善

职业技术教育的重点在于培养集专业素养、工作技能、职业精神于一体的以职业为导向的技术型人才。但是我国的职业院校起步晚，基础设施不完善，专业技术和服务水平有待提高，其地位跟普通高等院校相去甚远，更无法与知名综合性大学相提并论。过去一段时间里，一些职业院校对自己的办学宗旨不明确，甚至出现过中职向高职转、高职向本科转的乱象。[①] 有的职业院校一味追求眼前利益，热衷于短期培训和突击考核，不注重学生专业技能的提高。还有的职业院校只重视学生的技能水平和动手能力，而忽视学生人文精神和职业素养的培育。工匠精神是一种精神力量，它的培育离不开职业文化氛围的营造，我国职业院校发展过程中存在的缺点和不利条件，有碍于工匠精神的培育。

只有拥有健全的职业教育体系与培养机制，才能培养出具有职业素养与职业技能的高级技术型人才，才能形成继承和发扬工匠精神的良好氛围。然而，目前职业教育体系尚不完善，造成工匠精神缺失有力的传承载体，这是导致工匠精神缺失的主要原因之一。

首先，传统就业观念成为职业教育的桎梏，这是制约技能型人才成长的重要因素。全国高级技工缺口较大，传统的择业观使得大量人才在技术岗位流失，导致技术岗位的"用工荒"现象日益显著。在传统就业观的影响下，职业技术院校缺乏优质生源保障，成为其发展的

---

① 邓成：《当代职业教育如何塑造"工匠精神"》，《当代职业教育》2014年第10期。

重要阻力。

其次，职业教育呈现出不平衡的发展态势。第一，中、高等职业技术院校发展不平衡。高等职业技术院校近年来发展较快，中等职业技术院校则发展缓慢，师资力量较为薄弱，成为职业技术教育体系中的短板部分。应该看到的是，中等职业技术院校的学生年龄偏低，具有较强的可塑性，并且是高等职业院校的重要生源，教育部门应加大对中等职业技术院校的扶持力度，提高其教育质量，使之成为培养优质职业技术人才的重要基地。第二，城市与农村职业技术院校发展不平衡。受教育资源在城市与农村分布不平衡的客观因素制约，农村职业技术院校往往存在教育资金、教育设备、教育师资不充分的现象，教育质量下滑，成为职业教育体系中的又一短板。但实际上，农村接受职业技术教育的学生往往占比较高，是职业技术教育的重要生源输出地，教育部门应通过政策倾斜、资金投入等方式，加大对农村职业技术院校的扶持，提高其教学质量。第三，社会职业教育培训机构较为散乱，监督管理机制不够完善。社会职业教育培训机构在教育培训中有着便捷化、经济化、时效性的特点，是对公办职业技术院校的有力补充。但目前社会职业教育培训机构在内容与形式上较少有统一的课程框架指导，不同程度存在师资良莠不齐的情况，有时不能保障教学质量。有关部门应及时出台相关的管理政策，设置监管部门，切实提高社会职业教育培训的教学质量。

第五章
大国工匠与工匠精神的培育路径

　　工匠主要是指拥有行业知识，掌握工艺技术，从事工业产品设计、制造的劳动者。而工匠精神是工匠享受工作过程、追求完美极致与超越自我的良好心态的展现。从马克思主义哲学角度分析，工匠精神是职业精神的一种，属于社会意识的范畴，社会存在决定社会意识，社会意识对社会存在有一定的反作用。中国特色社会主义进入新时代，全面建成社会主义现代化强国需要千千万万能工巧匠，而工匠精神的培育要依靠政府、学校、企业、社会等主体共同发力，从工匠制度、工匠文化、工匠教育、工匠实践等几方面来协同配合。

第一节　健全工匠制度

虽然工匠精神被理解为一种精神性、道德性的理念，但这并不是其全部的内涵，并且这种理念也是有其特殊性的。工匠精神的主体是工匠，而工匠制度制约着工匠的行为，影响着工匠的精神状态。"制度告诉并强制规定人们可以做什么，不可以做什么，从而限定了人们活动的范围，在制度制定的范围内，人的活动具有选择自由，超出这一范围就会受到惩罚。由此，制度决定了人的活动在操作层面的选择集。通过选择集，独立的交往行为者个人、企业、其他集团或组织形成特定的交往形式，依据各个交往形式，人们能够对自己或他人的行为做出正确预期，并产生特定结果。"① 在市场经济环境下，合理的工匠制度体系对培育工匠精神起着根本的保障与支撑作用，因此，当今社会弘扬与培育工匠精神，首先需要加大政策制度支持力度，建立健全严控质量、鼓励创新的工匠制度体系。

---

① 鲁鹏：《制度的伦理效应》，《哲学研究》1998 年第 9 期。

一、完善市场管理制度

当前，我国市场管理制度尚未完全成熟。生产领域的粗制滥造产品、假冒伪劣产品、山寨产品一定程度上存在，"劣币驱逐良币"现象并未杜绝。而随着改革开放40多年来，中国经济迅速发展，我国已经成为世界第二大经济体，2020年即使在新冠疫情的冲击下，我们仍然是全球唯一实现正增长的经济体，全年经济同比增长2.3%，对世界经济增长的贡献率达30%，我们已经具备了培育高品质消费市场的物质基础。而且近年来随着人民生活水平的显著提高，我国公民出境购买海外高品质商品以及海外代购业务的火爆，说明国人已经实现了高品质消费的愿望。我国应该适时地培育自己的高品质消费市场，提高产品和服务的标准，创立民族优秀品牌，严明法律，加大对知识产权的保护力度，让精益求精、求实创新的民族品牌有合适的市场生存环境，让消费市场自愿为工匠精神买单。而工匠精神的培育需要政府这只"有形的手"发挥宏观调控职能，不断完善市场领域的法律法规，创新市场管理方式，以促进形成良好的竞争环境，让卓越的匠造产品能够真正引领制造潮流，让引领潮流的产品不被侵权，让高品质产品有良好的市场前景，让追求卓越的企业有丰厚的市场回报，让辛勤付出的工匠得到更好的待遇。

政府要严控质量，不断完善市场领域的监督制度。德国制造能够风靡全球的重要原因之一，就在于构建了"法律、标准、质量认证"三位一体的质量管理体系，促使产品质量得到不断提升，树立起了良好的口碑。我国政府要积极借鉴德国制造的经验，完善产品和服务的市场准入制，与时俱进地进行产品质量和服务标准修订，不断改进质量监督管理体系，完善对产品性能、安全等方面的硬性规范，从而形成一种督促企业生产高质量产品的良性机制。用高质量、严要求的产品标准、服务标准激励市场主体，提高产品质量和服务质量，将"劣币"逐出市场，给"良币"更好的生存环境，让追求卓越的企业获得更大生存空间，让精益求精、求实创新的工匠获得丰厚的报酬，让工匠精神自由绽放。具体来说，可以运用科技的手段来进行质量监管。利用现代科技，为产品加上"名片"，为其添加条形码或者二维码，实现对每一件产品的售后追踪与认责。在德国，这是实现产品监管的常规性手段，工人将自己的名字与工号刻在每一件出厂销售的产品上，以便于出现质量问题后及时处理。在这样的监管体制下，大到一项工程的各个关节，小到市场的猪肉、鸡蛋，都可以做到有处可寻，出了问题可以直接追究相关人员的责任。

其实，在中国古代社会的工艺制作中，也有这样的做法。例如，每一个紫砂壶的壶底都刻有制作者的姓名，每一个瓷器的底座都刻有生产的窑坊名称，这就是为了便于找到制作产品的工匠，从侧面督促工匠在制作时精益求精。这种产品监管方式其实就是将产品责任化到具体的个人身上，换一个角度思考，这种制度下，产品的质量就是自己的信用名片，所以工人在工作中必定会实事求是、精益求精地完成每一个环节的制作。当代中国产品质量监管可借鉴这种有益的方式，为产品"打码"，从而强化工人的责任感、使命感，在工作中时刻保持与践行精益求精的工匠精神。还要鼓励创新，加大对知识产权、技术专利的保护力度。如果知识产权、技术专利得不到有效保护，大量的创意、技术、产品被模仿抄袭，势必会挫伤工匠和企业创新的积极性。因此，政府要采取严格举措来保护产权专利，让优质产品获得应有的利润，让创新技术得到应有的奖励，让工匠的真诚付出得到应有的尊重。

二、构建工匠奖励保障制度

弘扬与培育工匠精神离不开技术工人自觉自愿践行的内心情感，而较高的社会威望与合理的薪酬待遇则是培养这种自觉行为的基础，所以建立完善薪酬体系、营造和谐的社会文化，是促进工匠精神发展的重要保障。高效的评价激励机制是新时代工匠精神内核建构的有效保障。正如霍曼斯所说，"人的需求总是通过他人来得到满足，在获得奖励与接受惩罚的过程中选择自己的行为"[①]。因此，科学、高效的评价激励机制能为工匠的监督、管理、评职和晋升等职业行为考核提供统一的评价标准，是确保评价规范化、管理科学化，创设良好人才发展环境的关键所在。

首先，从最基本的生活层面来说，工匠就是再淡泊名利，也不能无米而炊，他们也有生活压力和各种责任，他们的守望也需要物质层面的支撑，这就需要国家和社会为他们提供一定的物质保障，这就需要建立赏罚分明的奖惩制度，提高工匠的工资收入与社会福利，让他们能够无后顾之忧，积极焕发创新活力。要打破原有的以职称和文凭

---

① 于海：《西方社会思想史》（第3版），复旦大学出版社2007年版，第427页。

作为定岗定编的工资分配标准，将业绩和创新性成果作为主要考核内容，从而真正实现工资收入和劳动贡献相统一。要建立完备的技术工等级划分机制，按照技师等级发放薪资。建立符合时代特征的技工薪酬制度，将工人的学历水平、职业资格证书、技能作业水平、岗位担负责任等多个要素综合考虑，划分为若干个等级，按照等级发放工资与提供福利待遇；制定严格的晋级考量制度，定期对工人进行考核与评价，为技术工人的薪资稳步上升提供政策的支持。健全社会保障体系，为工匠提供系统性的支持，比如，可以提供一些技术津贴、岗位津贴、税收优惠、财政补贴，以及晋升机会。总之，就是可以综合社会保险、收入等多种手段为工匠提供物质支持，使他们能安心地投入工作，全身心地为理想而奋斗。

其次，从心理需求层面来说，工匠的坚持需要动力和认同。因此，要不断完善工匠人才评价激励的相关配套举措。努力建设多元化的科学评价方式，不断创新激励手段、强化激励效果。真正提升工匠职业的魅力和吸引力，不仅要提升工匠群体的物质收入，更重要的是要提升工匠自我价值的实现度、社会对工匠职业的认可度和工匠社会地位的赞誉度。弘扬与培育工匠精神需要切实提高工人社会地位，需要一些仪式和活动来纪念和表彰优秀的工匠，弘扬工匠的优秀品质，为整个社会营造出尊崇工匠精神的文化氛围，以充分肯定工匠的品质和贡献，满足工匠的心理需求。要完善知识产权保护制度，突出法律对于工匠劳动成果的保护作用，这是肯定工匠价值、激励工匠进行科技创新和加速成果转化的重要举措。这一制度不仅具备一定的人文意义还具备一定的经济价值，是对工匠精神价值和经济利益的双重保护，是对工匠社会价值的法律认可和最大尊重。

最后，从社会需求层面来说，工匠的工作是复杂而漫长的，社会的发展客观上需要考虑效率因素，因此，要以鼓励技术创新为导向，建设科学的工匠后备人才选拔制度和人才流动制度。加大对后备人才，尤其是青年创新人才的培育，努力消除工匠人才流动的行业障碍和区域障碍，确保人才的合理流动，激发工匠人才的创造力。从某种程度上来说，工匠的工作就是在与时代赛跑，与"过时"斗争，这种情况越发突出了信息的重要性，国家作为发展的领航者有义务保障工匠劳动的有效性，引导工匠的劳动方向，提高工匠的劳动效率，所以，有效的信息分享和交流平台的构建，对于保护工匠和弘扬工匠精神也是十分必要的。每一位真正的工匠都是无冕之王。对工匠的尊重与肯定、对工匠精神的敬畏是社会公平正义的要求，是社会成熟的表现。

三、强化工匠制度认同意识

当代中国的发展是离不开工匠精神的，无论是经济方面还是文化教育方面。事实上，实现"十四五"规划的目标，全面建设社会主义现代化国家，必须弘扬工匠精神。而要使工匠精神被人们了解并认同，需形成崇尚技能与劳动的社会共识，将工匠精神融入各个行业，需要在全社会创造重视技能人才发展的环境，需要不断优化社会环境，形成崇尚工匠精神的氛围，为工匠精神的发展提供适宜的环境与土壤。让工匠这个职业在生活中被人尊重，被人认可，实现自身的价值，推动中国社会的良好发展。

我国古代不乏能工巧匠，工匠用精湛的手艺、认真专注的精神创造了辉煌的成就。但是古代工匠发展的社会环境并不好，"读圣贤书"、做官才是大多数人的追求。而新时代中国全面的发展，需让人们真正领悟工匠精神，使工匠精神成为社会主流价值理念。中国的发展已经转向高质量的发展，在这个过程中对产品质量的要求逐步提高，淘汰"不精、不创新"的企业，鼓励具有劳动精神与创新精神的企业发展。要使工匠精神更好地发挥作用，需在全社会激发人们尊重劳动、崇尚劳动、热爱劳动的意识，让普通工匠获得社会认同，提升职业幸福感。总的来说，让"劳动光荣、劳动伟大"成为社会主流的价值观，进而为新时代弘扬和传承工匠精神奠定基础，注入新的活力源泉。

政府与社会从政策层面提出弘扬工匠精神的意义，培养工匠对自己职业的感情，只有工匠认同自己的职业，热爱本职工作，才能培育出变革创新、追求极致的工匠精神。一是树立正确导向，提高工匠群体的社会地位、经济地位，增强职业吸引力，形成"尊崇工匠、争做工匠、做好工匠"的价值取向与职业追求，夯实全社会崇尚工匠精神的基础。比如，浙江杭州把每年9月26日定为"工匠日"，通过设立"工匠日"表达对工匠的认可与尊敬，弘扬工匠精神、发挥工匠作用，使工匠精神成为每一名职工的精神追求和价值认同，激励广大劳动者争当新时代先锋，推动知识型、技能型、创新型劳动者大军建设。

二是积极开展工匠认证工作，建立并完善与其配套的工匠制度，从制度上予以支持和保障。如果工匠对自己的职业缺乏认同，失去了获得感和满足感，工匠的成长发展将很难得到持久的保证，所以培育工匠不只是喊口号，而要建立并完善相应的制度，优化发展平台，提升服务保障，给工匠提供足够的技艺发展空间，制订工匠人才队伍建设行动计划，构建工匠人才培养、选拔、使用、评价、激励体系。只有当工匠意识到自身的价值时，才能真正发扬其主人翁精神，以敬业乐业的职业素养和精益求精的行为习惯全身心投入工作。同时净化社会风气，完善市场监督与改进质量立法工作，创造工匠精神发展的社会环境，使追求质量、热爱劳动成为社会潮流，工匠精神必大放异彩。行业也是工匠精神传承的重要场所，在行业内部要营造有利于工匠学习与发展的环境，培养一丝不苟、认真搞研究的工匠人才，传承工匠精神。

第二节　厚植工匠文化

一种精神的传承离不开文化这块土壤，文化对个体的影响是潜移默化和深远持久的，要想塑造中华传统匠魂，培育匠人精神，厚植工匠文化是重要的基础和先决条件。李克强同志指出，"质量之魂，存于匠心。要大力弘扬工匠精神，厚植工匠文化，恪尽职业操守，崇尚精益求精，培育众多'中国工匠'"。工匠精神的培育需要文化的不断孕育与滋养，良好的文化氛围有利于培育工匠精神，要营造工匠精神培育的文化氛围，将工匠精神融入国民教育的范畴，在全社会树立工匠品质精神标杆，形成广泛的工匠精神学习风尚，使人民大众在耳濡目染、荣誉激励与直观感受中不断提升对工匠精神的认知与接纳程度，在全社会形成人们自觉的行为价值尺度。要厚植工匠文化的土壤，建立支撑工匠精神的文化体系，才能培育出工匠精神的花朵。

一、营造工匠精神培育的文化氛围

大国工匠的培育不是一蹴而就的事情，而在全社会弘扬工匠精神，培育更多的中国工匠，更是一项系统性工程。工匠精神不仅是一种职业精神理念，也是提升中国制造业整体实力的重要文化动力。因此，必须结合当代中国时代背景，营造工匠精神培育的文化氛围。

第一，加大宣传力度，营造尊重劳动、劳动光荣的社会氛围。在2017年新年贺词中，习近平总书记号召全国人民"撸起袖子加油干"；2018年新年伊始，习近平总书记提出"幸福都是奋斗出来的"，寥寥数字，生动活泼，朗朗上口，在全社会营造了劳动光荣、勇于拼搏奋斗的良好社会风气。要发挥好宣传部门、媒体作用，利用好微信、微博、手机App等新媒体，对工匠精神进行宣传，加深人们对工匠精神的认识，引导全社会关注工匠精神的培育，营造良好的社会环境。还可以通过文物展示古代工匠的精湛手艺，使文物的历史文化价值、艺术价值、经济价值及社会价值充分展现，让人们深刻感知工匠对作品如琢如磨到何种地步。

第二，积极树立典型，发挥工匠榜样作用，凝聚工匠精神的社会共识。厚植工匠文化，树立典型，发挥榜样作用，凝聚工匠精神的社会共识是新时代弘扬工匠精神的前提条件。通过树立典型，获得广泛的社会认可，工匠精神才能获得生命力。

一方面，要最大限度地发挥工匠大师的带头作用。具体来说，以媒体宣传、工匠宣讲、组织学习等全方位多角度的方式把工匠精神传播出去，以工匠大师的真人真事感染大众。梳理总结优秀技术技能人才的成长规律，复制成功经验，把各个不同行业中培养工匠人才的普遍方法应用于人才培养的过程之中。大力组织开展"工匠学堂""工匠沙龙"等活动，使相同行业、相近行业的工匠大师和普通技术工人相聚一堂，形成"师带徒""技术交流""比学赶超"等有利于技术人才技能水平提升的良性成长空间。另一方面，厚植工匠文化需要发掘大国工匠和工匠名师，为他们著书立说并广泛传播，传承优良工匠精神。要培育年轻优秀工程师和优秀技师，在全社会形成价值引领和行为示范，鼓励更多的年轻人甘当工匠、乐当工匠，营造推崇工匠文化的氛围，要不断深入发掘工匠精神在不同行业领域内所表现出来的共性特征，凝练形成新时代工匠精神的内核，将其融入社会主义核心价值体系，实现工匠精神与"敬业"要求的高度契合，并最终转化为人们普遍的道德准则、思想态度和行为特征。

第三，改革就业观念，鼓励年轻人培养自身技能，树立正确的择业价值观念。古代社会工匠的技艺被看作"小道"，被称作"奇技淫巧"，无法同治理天下的大道相比。这种"学而优则仕"的观念一直延续到今天。而就目前来说，很多人认为高等教育最有益于年青的一代成长，而关于技能的培育则往往易被人们忽视。受古代"劳心者治人，劳力者治于人"的价值观念的影响，很多人认为工人的工作不够体面，从而不愿从事这一行业。事实上，每个人的天赋和经历不同，适合的领域也各不相同。实际上，随着科学技术水平的提高和社会的多元发展，现代社会对于人才的需求呈现多样化趋势，大量实际操作的岗位需要技艺精湛的工匠。随着全面深化改革的不断深入，在社会主义市场经济条件下，工匠的职业威望正在逐步提升。职业不分高低贵贱，个人做好本职工作就是对实现中华民族伟大复兴的贡献。因此，塑造尊重工匠职业的文化和尊重工匠精神同样不能忽视，要改变就业观念，形成重视技能的价值观念。

二、厚植工匠精神培育的文化土壤

工匠精神属于文化范畴，文化才是思想背后最深层次的关键和动因。我国的优秀传统文化博大精深、底蕴深厚，是我国劳动人民几千年来经验和智慧的结晶，孕育了中华民族勤奋踏实、无私奉献、诚实守信、精益求精等精神品格，成为中华民族宝贵的精神财富。千百年来，工匠在长期劳作中传承下来的勤劳踏实，对工艺的精益求精无不体现了中华民族的工匠文化和工匠精神。

时至今日，人们对于有巢氏、鲁班、梓庆、毕昇、蔡伦、黄道婆这样的能工巧匠仍十分尊敬和崇拜。中国悠久的工匠文化和历史，留给世人的是一部厚重的匠品典籍，它记录着中国制造的辉煌，书写着中国匠人的心路历程，承载着中国工匠精神的灵魂，而这一切最深厚的土壤和养分都来自中国博大精深的传统文化。

工匠精神与传统文化的深刻牵连，决定了工匠精神的构建离不开文化寻根，离不开对传统文化的依赖，离不开传统文化的滋养。传统文化中强调"德为艺之先"，要求人们遵守基本的社会道德规范，在产品的生产加工中恪守行业要求，具有优良的品格；传统文化中的诚实守信、勤学苦练及对手工艺品的敬畏都体现在工匠对产品质量的追求中，将优良的品格精神融于高超的技艺中。各行业手工艺人运用智慧和高超的技艺制造了丰富的手工艺品，其中所包含的价值理念、行为准则和人文思想等，对于工匠精神的培育和弘扬有着重要的促进作用。

工匠精神的培育与中国的文化软实力塑造密切相关，在推进中华民族伟大复兴的征程中，文化是重要环节，工匠精神不仅是中国人的精神品质，更是世界各国人民争相呼唤的品质，它有着深厚的群众基础，是中国与世界共同的价值取向，对于增进世界各国的友好关系，彰显大国风范有着重大的战略意义。因此，为了提升中国的文化软实力，增强国际认同感，对于传统文化的弘扬也不容懈怠。要在社会公众中积极开展中华优秀传统文化教育，构建良好的社会文化环境，加强社会对传统技艺的正确认识和关注，使传统技艺能够很好地传承下来，并且在传承的基础上不断创新，融入现代理念和价值观，体现新思维和新观念，为工匠精神的培育和弘扬提供文化支撑。

三、建立支撑工匠精神的文化体系

一个国家、一个民族的强盛总是以文化兴盛为支撑的。没有文明的继承和发展，没有文化的弘扬和繁荣，就没有中国梦的实现。同样，没有建立起支撑工匠精神的文化体系，也就无法实现中国制造业的转型升级，无法从一个制造大国顺利地走向全球制造强国。要成为真正的工艺强国、创新大国，我们需要建立起支撑工匠精神的文化体系。要厚植工匠文化，就要将其纳入国家文化体系，成为国家文化的重要组成部分。工匠文化是支撑工匠精神的文化体系。中国人从来都不缺少工匠精神，古代我们有技艺精湛的鲁班、"游刃有余"的庖丁，近代我们有很多的老字号，如同仁堂、云南白药、茅台酒，等等。因此，要建立支撑工匠精神的文化体系。

要建设支撑工匠精神的良好物质文化。工匠精神视域下的物质文化是指满足人类生产发展需要的物质产品及其所表现的文化。进入新时代，卖方市场下所形成的物质产品文化，将被买方市场下的物质文化彻底替代，供给的极大丰富和市场竞争的激烈，将会自动驱使企业追求品质和品牌。培育支撑工匠精神的物质文化，需要打破市场垄断，推动健康有序的市场竞争。在市场竞争的环境下，最重要的是要让中国制造、中国品牌、中国技术成为新的物质文化载体。支撑工匠精神的物质文化需要以质量过硬的产品以及世界性品牌为载体。当代中国要不断提升自身的制造水平，制造优质产品，进而培育出世界性品牌，向世界展示中国的工匠精神。要铸造出蕴含工匠精神的代表产品，最终让中国制造和中国品牌成为行业标志，成为一种文化符号。

要建设支撑工匠精神的管理文化。精益求精、消费者至上的工匠精神，是具有强大生命力的企业的最具体的、最核心的目标、信念、伦理及价值观。只有把客户、消费者摆在第一位，才能实现为股东创造价值的目标；只有精益求精，才能把商品和服务做到极致，才能把附加值做到最大，才能以最有利于社会的方式实现企业的价值。

第三节　实施工匠教育

我国由制造业大国转变为制造业强国，其中很大的一个制约因素就是高技能人才稀缺。强化技术教育，涵养职业价值观是新时代弘扬工匠精神的主要内容。质量发展、创新发展、智能发展是中国制造业发展的重点方向，需要大批具有高知识技能的专业工匠人才。而职业教育是与企业发展、科技进步、社会繁荣紧密关联的教育类型，是培养工匠人才的一个非常重要的途径。职业教育承担着帮助学生树立正确职业观、提高就业能力的重要任务，是培育工匠精神的关键路径与重要渠道。因此，在职业教育教学中，应该将工匠精神的培育贯穿全程。职业教育肩负着多样性人才培养、技术技能传承、促进就业创业的重要职责，理应承担起培育传承工匠精神的使命。职业院校应正确认识工匠精神的重要性，把提升职业技能和培养职业素养高度融合，培养具有工匠精神的技术技能人才。

一、健全工匠培养模式

为了主动适应时代发展的需要，为现代制造服务业培养技术技能人才与一线管理人才的现代职业教育，应在更加广阔的领域与更加深入的层面与科学技术密切融合。职业教育的培养目标不仅应该主动适应科技革命与制造业转型发展的需要，将科学技术与新工业革命的素养与知识作为职业技术技能人才培养目标的要素，而且应该将工匠精神的培养贯穿职业技术技能人才培养过程的始终。因此，要逐步健全技能型人才培养模式。

一方面，要完善以企业行业为主体、职业院校为基础、学校教育与企业培养紧密联系、政府推动与社会支持相互结合的工匠人才技术教育体系。技术教育应根据时代发展需要定位人才培养目标，创新人才培养模式，调整学科专业设置，不断改善学生的学科知识结构，提升其基本技能和人文素养，促进青年工匠人才的发展。中国特色现代学徒制就是政府引导、行业企业参与，依托校企深度合作，兼顾系统理论学习和岗位实践训练的一种人才培养模式。它体现了学校教育与企业岗位培训协同培养技术技能人才的内在要求，实现产教的深度融合。其核心是校企双主体育人，学习者具有学生与学徒的双重身份，实现岗位培养和在岗成才。可以肯定，这种学徒制与工匠精神的培养具有机制上的高度相通性，现代学徒制的有效开展为职业院校培养学生的工匠精神创造了必要而充分的有利条件。

在全社会普遍重视职业教育和弘扬工匠精神的背景下，这种协同培养的机构主体主要有职业院校、行业企业和科研院所，协同培养要实现如下六个方面的有效协同，分别是工匠精神培养理念协同、工匠精神培养目标协同、工匠精神培养课程协同、工匠精神培养经验协同、工匠精神特色活动协同和工匠精神培养制度协同。具体来说，首先构建校企协同育人的人才培养模式，及时捕捉企业的职业素养要求，与企业合作制定人才培养目标，共同制定课程标准、共建课程体系、开设具有企业文化特色的选修课，企业参与学校的教学评价。建立职业技能和职业素养并重的教学评价体系。其次，在理论教学和实践教学过程中贯穿工匠精神，把工匠精神融入专业课教学过程。当前，职业院校在人才培养过程中存在重技能轻素养的错误倾向，满足不了企业对高素质的技能人才的需求，有必要在课程设置、专业教学、实习实训教学、顶岗实习等教学环节中增加工匠精神内容，培养学生的职业素养。最后，工匠精神培育是一个师生交互学习的过程，为了更好地使学生传承工匠精神，可施行双导师制，聘请企业技术专家担任学院兼职教师，通过理论与实践相结合方式培养人才。

另一方面，在技术教育中增加职业价值观教育，引导工匠人才树立正确的职业价值观。职业价值观是影响一个人职业发展的最直接的精神力量，它不仅决定了人们的求职方向和目标，影响着人们的从业态度、工作表现，也关系着人们的职业评价标准和职业行为方式。要在技术教育中增加职业价值观教育，积极引导工匠人才树立职业没有高低贵贱之分的社会意识，消除职业偏见。在职业院校的人才培养过程中融入职业素质教育，将职业精神融入校园文化，走出过于重视技能传授、文化教育而忽视职业素养培养的误区，让工匠精神在职业教育中扎根，进而对经济发展和科技进步产生"蝴蝶效应"[1]。充分利用校企合作的平台，邀请行业大师和优秀工匠走进校园，走进课堂，选

---

[1] 王寿斌：《职业教育要注重培养"工匠精神"》，《中国教育报》2016 年 3 月 11 日。

聘行业大师担任职业院校的顾问，进一步推广现代学徒制，遴选一批资质达标的工匠作为学生的职业导师，使学生通过师傅的言传身教和率先垂范感受和植入工匠精神，最终实现内化于心、外化于行。利用各种渠道和手段帮助学生形成关于职业价值的正确认知，不断增强其社会责任感。将工匠精神巧妙地融入职业教育过程，加强对学生思想道德情操的引导和培育，提升其人文素养，形成良好的职业习惯和职业道德，发挥好职业教育的重要作用。

二、强化实践育人功能

工匠精神的弘扬不仅需要理论教学，实践教学也很重要。实践教学不仅是职业教育人才培养的重要组成部分，也是培养工匠精神的重要环节。技艺的练成、职业素养的养成离不开实践操作。一方面，提供培育工匠人才实践教学平台。实践是教学的扩展与检验手段。要围绕工匠精神的内核搭建适应技术技能人才发展的课程教育平台，课程内容既要强调以匠心文化为核心的职业理念教育，又要注重理论知识学习和实践技能训练的衔接，打造符合现代工匠人才成长成才的特色课程体系。学徒与工匠师傅将所学理论知识运用到实践中，在实践中加强技能训练。坚持理论与实践相结合，坚持"在做中学"。实践是弘扬工匠精神的关键环节，工匠精神的养成不是靠口头上的说教，而是在实践中培养与践行。参加社会实践，有助于学徒和工匠师傅传承工匠精神。为避免书本知识与社会实践的脱节，应组建师傅教学团队，开展实践教学，优化实践基地，拓宽社会实践的领域与空间。在实践中，自主运用技术解决实际难题。通过实践体悟，深刻认识技术的价值，培养实践精神和科学精神。

行业内部也要为学徒和工匠师傅优化实践场所，完善实习基地。让学徒真正了解企业需求，增加他们参加社会实践的机会，在企业实践中实现专业知识与行业的近距离对接。了解企业用人机制，在真实的工作环境中从事真实的工作，提高学徒的动手能力。还应该加大定向培养力度，避免人才的浪费，提高高校学生的就业率。企业通过完善创业基地和研究院，形成企业和企业联合发展的局面，让学徒和工匠师傅在实干中继续学习。而工匠精神在企业合作中得到传承，产教研实现深度融合，实现企业之间的共赢。在经过接受理论教育与实践的锻炼后，企业可以造就一批有知识、有能力、能钻研、能攻关的优秀工匠。因此，要营造与企业生产情境相吻合的实践教学现场，使学生在校实习实训犹如进入真实的工作情境，体验企业文化，缩短从学校到企业的适应期。工匠精神只有在真实的工作情境与职业实践中才能内化为学生的职业素质，要强化学生在学校中实训、企业中实习的锻炼，让学生在真实的职业情境中切身感受企业文化，提高学生的职业素养。

另一方面，依托职业技能大赛开展专业实践。实践活动是人们认识的来源，并推动了认识活动的发展。实践活动是人们认同、接受正确的思想观念，使之内化为自身意识并最终外化为行为的重要环节。针对职业教育中重理论、轻实践的倾向，可对课程体系、培养计划、目标设置、教学大纲等进行相应改革，适当增设一些实践性内容或校外实践活动，切实提高学生的动手能力，让学生在实践活动中经受教育，感受到学习的乐趣。学校要把增强学生的社会责任感、创新精神、实践能力作为培养学生工匠精神的重点任务。学校要营造以赛促学、以赛促练的活动氛围，帮助学生提升综合素质。第一，要办好全国职业院校技能大赛。学校可以加大对职业技能大赛的扶持，实现技能大赛项目化、课程化和常态化，引导学生掌握自身专业方面的卓越技能。可以依托举办职业技能大赛培育和弘扬工匠精神，坚持工学结合、知行合一、德技并修，加快工匠精神的实践转化。第二，要鼓励大学生积极参加创新创业大赛。大学生创新创业比赛是体现大学生创新创业思维和创新创业实践能力的平台。高校要支持举办各类创意设计、创业计划等专题竞赛，支持在校大学生成立创新创业协会和创业俱乐部等社团，举办创新创业讲座等创新创业实践活动。一些具有特色专业的院校可以根据自身的特色项目参加相关的实践比赛。总之，要让更多的大学生参与大学生创新创业实践比赛，让更多有特色有竞争力的团队参与比赛，让更多脱颖而出的团队的成果得到转化，将工匠精神融入大学生实践活动。

三、打造文化育人体系

认知是践行的前提和基础，没有对工匠精神的系统认知，工匠精神的培育是难以实现的。个体的主观意识和客观体验是具有可塑性的，可以通过有目的的教育加深对事物的理性认知。教育具有正向价值教导的作用，是人类文化再生产的重要方式。要加强对工匠精神的系统认知，就需要打造以工匠精神为核心的校园文化体系。校园文化是一种群体文化，对师生的思想品德、道德情操有潜移默化的影响。而工匠精神作为一种观念形态的个人意识，贯穿义务教育、基础教育、高等教育、职业教育以及成人再教育各个层次与阶段的教育之中。因此，要将工匠精神纳入校园文化建设，打造文化育人体系。

一方面，把企业文化、职业素养、校园文化三者融合，构建具有工匠精神特色的校园文化，营造一种文化氛围，使学生在工匠文化熏陶中潜移默化地习得工匠精神。调动一切自然、人文因素，将工匠精神具体化表征在日常的校园景观之中，嵌刻在学生成长、学习的校园文化中，在潜移默化中引导学生继承和发扬工匠精神。利用本地地缘优势，将工匠精神同当地的历史文化背景相结合，深入挖掘、放大工匠精神的文化因素与辐射范围，在校园内形成继承和发扬工匠精神的良好精神文化氛围。亲其师，则信其道；信其道，则循其步。教师的人格魅力、敬业精神与职业态度都对大学生工匠精神培育起着重要的引领作用。教师高尚的师德品格、负责的教学作风和严谨的治学态度有利于学生从中深刻认识、理解工匠精神，对学生产生积极的正面影响。无论是课堂教育还是实践教育，教师必须首先提升自身修养，在课堂上传授工匠精神、在社会中弘扬工匠文化、在生活中践履工匠精神。

另一方面，职业院校应该将工匠精神纳入校园文化建设的范畴，营造劳动光荣、技能宝贵、创造伟大的校园文化氛围，提高职业院校校园文化的社会责任感，提升职业院校校园文化的软实力。首先，职业院校充分利用校园空间进行工匠文化建设，如在实训基地、学生寝室、办公楼、教学楼融入"行业、产业、职业"元素，通过传统媒介展示中外著名工匠及相关事迹。通过展示蕴含工匠文化的实物成果（建校史陈列馆、企业博物馆、非遗文化艺术作品展等），切实提升隐性育人成效。其次，职业院校除了通过开展工匠文化讲座、工匠文化知识竞赛、网络工匠文化作品大赛、技能技艺比拼大赛等活动营造良好的文化环境外，还需以学生喜闻乐见的方式进行工匠文化建设，比如，以校园新媒体平台（微博、微信、易班等）为中介，引入社会热点、社会思潮或行业动向，将工匠文化建设与学生密切关注的问题、切身利益相关的社会需求相结合，才能发挥显性文化与隐性文化双重效力。最后，职业学院将现代学徒制与双导师（学业导师、技能导师）培养制度相互融合，让企业导师深度参与高职学生的培育过程，并把与工匠文化相关的职业品质、职业道德、职业能力等列入实施双导师制度的考核指标；同时，组织学生参观企业、工厂、车间，深入生产第一线，真切感知企业岗位的仿真环境训练，在实践中体会企业管理要求和行业专业标准。

第四节 倡导工匠实践

培育工匠精神离不开企业的参与。企业是市场的主体，也是工匠开展活动的主要场所。中国特色社会主义进入新时代，我国社会的主要矛盾已经转化为人民日益增长的美好生活需要和不平衡不充分的发展之间的矛盾。随着中国经济的快速发展和人民生活水平的提升，人民群众对美好生活的向往越来越强烈，对消费品和服务的质量要求越来越高，消费理念逐渐由产品消费向品质消费和品牌消费转变。在市场需求发生变化的新形势下，企业应该着眼于长远未来，积极转变发展观念，树立打造民族品牌理念，认真审视产品定位，及时调整前进策略，倡导员工进行锲而不舍、精益求精的工匠实践。

一、将工匠精神融入企业文化

企业首先要将工匠精神融入自身的文化建设，使其内化为一种具有鲜明特色的价值理念。企业文化是指企业生产经营和管理活动中所形成的具有该企业特色的精神财富和物质形态，其特有的文化形象，是企业的灵魂，发挥着凝聚力、向心力的作用。企业文化包含着丰富的内容，其核心是组织成员共性的精神和价值观。它能够约束和引导组织成员的行为方式，也是企业在进行生产和经营活动中持有的价值观念。概括而言，企业文化具有目标导向功能、整合协调功能、规范约束功能和激励辐射功能。它是企业上下一致信奉和遵从的价值观和无形规则，能够引导和约束企业成员的行为方式。把工匠精神和企业文化相互结合，建立以质立本、精益求精的企业文化，将推动企业员工坚守自己的岗位，激励员工在工作中坚持主体性，恪尽职守尽职尽责地完成本职工作，促使自我不断成长和完善，又能将企业员工凝聚在一起形成合力，增强企业的核心竞争力。

企业发扬工匠精神，树立精益求精、追求完美的企业文化，将推动企业每一个成员在自己的工作岗位上尽职尽责完成本职工作，并不断地完善自我、挑战自我，进而提升产品使用者的满意度，更能进一步促进企业的发展与进步。为此，企业可以开展关于工匠精神的培训活动，建设涵盖工匠精神内容的企业网站，在显眼位置张贴关于工匠精神的宣传标语，设立介绍优秀工匠事迹的文化展示厅等，使置身其中的员工潜移默化地受到感染，积极树立工匠意识、自觉开展工匠实践，从而培育工匠精神，造就出一支高素质、强技能的工匠队伍。企业还应当转变观念，应当树立打造百年企业、民族品牌的信念，将工匠精神视为生命，将完美的品质视为产品的附加值。积极营造以工匠精神为核心的重视技术、珍视人才的企业文化，从而使工匠精神得到传承和延续。要制定职业道德标准，规范行业行为，教育员工在学好专业知识、掌握专业技能的同时，树立正确的职业观。要加强员工的忠诚教育，切实增强员工的企业认同感和职业归属感。要加强员工的理想教育，引导他们认识到工作不仅是谋生的手段，更是实现自己人生价值的有效途径，从而树立起对职业的敬畏，在工作中勇于追求完美和极致，不断实现自我超越，从而调动其积极性，使一批又一批德艺双馨的技能工人涌现出来。

我们弘扬工匠精神，意味着我们不仅要接受现代的技术进步，更要重视我们自身的那些美德，意味着我们要从文化传统里找寻那些适合经济社会发展的精神基因。企业文化不只是员工层面的认同和遵守，管理者更应该以身作则，做好领头人。孔子曰：其身正，不令而行。管理者遵从以质立本、精益求精的企业文化，这种价值观必然会影响员工的工作态度和行为准则。如果企业的领导者首先能做到对产品精雕细琢、严抓质量、精益求精，就会为整个组织奠定工匠精神的基调。企业管理者应当积极组织同工匠精神宣传有关的活动，比如，新员工入行的拜师仪式、技能比赛等活动，在企业内部进行工匠精神的广泛宣传。企业还要充分发挥企业工会和群团组织的作用，切实保障员工的合法权益。通过开展形式多样的集体活动，让员工充分感受到企业大家庭的温暖，增强他们的主人翁责任感，从而激发他们的创新热情、创新思维和创新潜力，调动员工积极性。企业通过把自身文化建设与工匠精神相结合，把工匠精神融入企业文化建设，形成企业员工共同尊崇的信仰和价值观，指导员工和企业共同发展。

二、正向激励技艺精湛的工匠

工匠精神脱胎于工匠，归根结底产生于人，人是工匠精神的载体，也是企业运行的关键。企业层面落实工匠精神的基础是组织内每一位成员对工匠精神的落实。而在企业管理中，做好人力资源工作对提高员工工作积极性、提升企业效率具有重要作用。人作为社会财富创造的主体，是推动经济社会发展的核心因素。企业在人力资源管理中必须将人才放在第一位，必须强化人作为推动社会发展主体的意识，对组织内员工进行定期培训，提高员工技艺，并进行工匠精神宣讲，让员工以精益求精的态度对待工作，塑造以质立本的价值观。对技能的培训可以补齐技术短板，提升技术工人的技艺，促进优秀工匠的培养。工匠精神的培植能帮助员工更好地理解和践行工匠精神，助力企业塑造和落实精益求精以质立本的企业文化。因此，企业应当从人力资源方面下手，把工匠精神融入人力资源管理工作，从人力资源管理的战略、培训和薪酬等方面入手，塑造优秀的组织结构，真正弘扬工匠精神，让其成为培养、激励工匠的精神动力。

　　第一，改进奖励体系，调动匠人的积极性、主动性和创造性。对企业的人力资源管理工作而言，科学和公平的绩效考评体系是保障企业平稳运行的重要条件。现行的人力资源考核是"在企业人力资源考核标准的指引下，根据员工的工作表现和工作业绩，全面考评员工的在岗情况，然后反馈给员工和企业作为参考"[①]。而在新形势下，这套考核标准有待优化。比如，以计件工资为基础的薪酬体系，可能会低估工匠从事高技术含量工作的成果，造成工作的技术含量高却酬劳低的情况。这种局面既导致优秀工匠的离岗，阻碍企业的长远发展，又影响了工匠精神的传承。高级技工拥有高超的技艺，却与普通工人的收入相差无几，这显然不利于鼓励工匠注重自身技能的提高，也不利于工匠精神在企业中的传承。

　　企业应该将工匠精神融入生产经营的各个环节，加强质量监控，改进组织机制、奖惩机制、培养机制，完善绩效考核评价体系，设置基于专业技能的薪酬体系，做好技能等级评定，按技能等级来计算员工薪酬。这种体系既保障了高级工匠的收入，避免了企业的高级人才因收入过低而离职，又激励了初级技术工人不断努力精进自己的技艺，在企业内部弘扬了工匠精神。企业可以对杰出工匠进行物质和精神方面的奖励，积极采纳员工在技术攻关、技术革新、发明创造等方面的合理化建议，并对他们的科技创新成果进行表彰奖励，对晋升技

[①] 李晓博、栗继祖：《工匠精神融入企业人力资源管理的路径研究》，《山西财经大学学报》2018年第1期增刊。

术等级、工资福利待遇、物质奖励和劳模评选等激励措施进行制度性规定，为员工岗位成才营造良好的文化氛围。在企业内部形成工匠文化，促进企业文化软实力的建设，从而促使工匠精神得到培育和弘扬。

第二，保护工匠、技师合法利益，借用现代手段拓展技艺传承，创造企业新的核心竞争力。随着我国经济转向高质量发展阶段，我国企业迫切需要转变发展方式，发挥工匠精神，树立以质立本、信誉至上的经营理念，通过"个性化定制""柔性化生产"来完善企业发展模式，提升企业声誉，提高企业的品牌知名度和品牌影响力，打造知名品牌，创造企业新的核心竞争力。久而久之，有利于横向提升中国制造业整体的实力，提高中国制造的国际竞争力。首先，企业要对传统师徒制的优势进行发挥，注重"手把手""一对一"的言传身教，在动手实践中感悟技艺、提高技能、培育精神。去除传统师徒制的家庭化、家族化弊端，破除师徒之间的人身依附隶属关系。其次，针对传统工匠技艺传习"传内不传外""传儿不传女""传大不传小"等排他性和单一性问题，加强与工匠相关的知识产权、技术专利的保护工作，通过运用法律、制度等形式对工匠的技艺进行专利注册，最大限度地保护传统工匠的合法权益不受侵害。最后，抢救性保护那些濒临失传断代危险的民间手工业技艺，通过影像、走访、录音等形式保全匠人技艺的相关资料。加强对诸如"老字号""百年老店"等一些传统手工业企业靠"口传心授""心领神会"等才能领会的"解码"工作，在注重知识技术产权保护的同时，"打开黑洞"提高工匠技艺传习的效率，扩大其市场影响力和辐射力。

　　第三，树立技艺楷模，宣传优秀工匠及其事迹，大力弘扬工匠精神正能量，充分发挥杰出技师在企业中的带动与示范作用。树立先进劳模代表，使杰出技师事迹感召与吸引更多的技术工人勤奋工作，带动更多人成为工匠精神的积极践行者。技术工人是工匠精神的缔造者，也是工匠精神的第一执行者，所以，在技术工人群体中树立先进劳动模范代表，以荣誉激励与物质激励双重手段，激发其工作热情，提升其工作效率，是弘扬与培育工匠精神的最有效手段。首先，企业要保护传承传统技艺、工艺，抢救挖掘那些濒临失传的独门绝技，请"大师""名匠"著书立说、留下影音资料，为他们撰写人物志和传记，使传统技艺和工匠精神发扬光大。其次，企业要培养年轻人对传统技艺、现代技术的热爱，打造一支年轻的工匠大师、技师队伍，给予他们一定的表彰，如为获得奖项的劳动者颁发荣誉证书，提供物质奖励，提升工作职位等，使这些敬业爱业、刻苦钻研、勇于求索的优秀劳动者，获得精神与物质上的双重奖励，以此激励其他员工勤奋工作。最后，针对工匠的职业伦理观念特点，开展相关伦理研究，编制特色教材，供大学课堂、入职培训使用。把手工业制造所形成的刻苦钻研、敏而好学、勇于创新等实践精神，在以血缘、地缘为纽带的师徒传授中所形成的爱岗敬业、守时守法、敢于担当等职业素养，以及在手工业长期发展中潜移默化形成的意志坚强、诚实守信、乐于奉献等道德品质传承、发展下去。

参考文献

著作类

[1]马克思恩格斯选集（第1-4卷）[M].北京:人民出版社,1995.

[2]马克思恩格斯文集（第1-10卷）[M].北京:人民出版社,2009.

[3]马克思恩格斯全集（第18卷）[M].北京:人民出版社,1964.

[4]马克思恩格斯全集（第27卷）[M].北京:人民出版社,1965.

[5]马克思恩格斯全集（第46卷）（下）[M].北京:人民出版社,1980.

[6]马克思.资本论（第1卷）[M].北京:人民出版社,2004.

[7]列宁全集（第2卷）[M].北京:人民出版社,1984.

[8]列宁选集（第4卷）[M].北京:人民出版社,2012.

[9]毛泽东选集（第3卷）[M].北京:人民出版社,1991.

[10]建国以来毛泽东文稿（第7册）[M].北京:中央文献出版社,1992.

[11]刘少奇选集（上）[M].北京:人民出版社,1981.

[12]邓小平文选（第2卷）[M].北京:人民出版社,1994.

[13]邓小平年谱（1975—1997）(上)[M].北京:中央文献出版社,2004.

[14]江泽民文选（第2卷）[M].北京:人民出版社,2006.

[15]胡锦涛文选（第3卷）[M].北京:人民出版社,2016.

[16]习近平谈治国理政[M].北京:外文出版社,2014.

[17]习近平谈治国理政（第二卷）[M].北京:外文出版社,2017.

[18]习近平总书记系列重要讲话读本[M].北京:学习出版社、人民出版社,2016.

[19]十六大以来重要文献选编（上）[M].北京:中央文献出版社,2002.

[20]十八大以来重要文献选编（中）[M].北京:中央文献出版社,2016.

[21]李克强.政府工作报告：2016年3月5日在第十二届全国人民代表大会第四次会议上[M].北京:人民出版社,2016.

[22]李克强.政府工作报告：2017年3月5日在第十二届全国人民代表大会第五次会议上[M].北京:人民出版社,2017.

[23]李克强.政府工作报告：2018年3月5日在第十三届全国人民代表大会第一次会议上[M].北京:人民出版社,2018.

[24]中共中央文献研究室.习近平关于科技创新论述摘编[M].北京:中央文献出版社,2016.

[25]辞海编辑委员会编.辞海[M].上海:上海辞书出版社,1979.

[26][古希腊]柏拉图.理想国[M].郭斌和、张竹明译,北京:商务印书馆,1986.

[27][古希腊]亚里士多德.政治学[M].吴寿彭译,北京:商务印书馆,1983.

[28][德]马克斯·韦伯.新教伦理与资本主义精神[M].于晓、陈维纲等译,北京:生活·读书·新知三联书店,1987.

[29][美]道格拉斯·C.诺思.经济史中的结构与变迁[M].陈郁、罗华平译,上海：上海人民出版社,1994.

[30][美]弗洛姆.健全的社会[M].孙恺详译,贵州:贵州人民出版社,1994.

[31][英]J.D.贝尔纳.科学的社会功能[M].陈体芳译,桂林：广西师范大学出版社,2003.

[32][英]爱德华·露西·史密斯.世界工艺史:手工艺人在社会中的作用[M].朱淳译,北京：中国美术学院出版社,2006.

[33][意]伽利略.关于两门新科学的对话[M].武际可译,北京：北京大学出版社,2006.

[34][法]G.勒纳尔,G.乌勒西.近代欧洲的生活与劳作（从15-18世纪）[M].杨军译,上海：上海三联书店,2008.

[35][美]乔治·萨顿.希腊黄金时代的古代科学[M].鲁旭东译,大象出版社,2010.

[36][德]马克斯·韦伯.经济与社会（第1卷）[M].阎克文译,上海:上海人民出版社,2010.

[37][日]古川安.科学的社会史：从文艺复兴到20世纪[M].杨舰、梁波译,北京:科学出版社,2011.

[38][法]雅克·勒高夫.试谈另一个中世纪——西方的时间、劳动和文化[M].周莽译,北京：商务印书馆,2014.

[39]晋察冀新华书店.怎样开展劳动模范运动[M].北京：国家图书馆新善本,1945.

[40]苏维埃中国[M].中国现代史资料编辑委员会翻印,1957.

[41]程俊英.诗经译注[M].上海:上海古籍出版社,2004.

[42]（宋）朱熹.四书集注[M].长沙：岳麓书社,1985.

[43]中华全国总工会中国职工运动史研究室.中国工会历史文献[M].

北京:工人出版社,1985.

[44]何东昌主编.中华人民共和国重要教育文献1949～1997年[M].海口：海南出版社,1998.

[45]钟明.中国工运大典（上卷）[M].北京:中国物资出版社,1998.

[46]孟子.四书五经[M].北京：中华书局,2009.

[47]管子[M].北京:燕山出版社,2009.

[48]（汉）许慎.说文解字（卷五工部）[M].北京：中华书局,2012.

[49]钱穆.中国历史精神[M].北京:九州出版社,2012.

[50]苗培时,戴林.马恒昌小组[M].北京:工人出版社,1952.

[51]胡绳主编.中国共产党的七十年[M].北京:中共党史出版社,1991.

[52]高明岐.社会主义劳动竞赛概论[M].北京:中国工人出版社,1993.

[53]周瀚光,王贻梁.百工竞技:阅读中国·科技史卷[M].上海:华东师范大学出版社,2006.

[54]于海.西方社会思想史（第3版）[M].上海:复旦大学出版社,2007.

[55]赵敏俐,尹小林主编.国学备览[M].北京:首都师范大学出版社,2007.

[56]张双棣等译注.吕氏春秋[M].北京：中华书局,2007.

[57]方立松.中国传统水车研究[M].北京:中国农业科学技术出版社,2013.

[58][美]亚力克·福奇.工匠精神：缔造伟大传奇的重要力量[M].陈劲译,杭州:浙江人民出版社,2014.

[59]吴国盛.什么是科学[M].广州：广东人民出版社,2016.

[60]刘建军主编.工匠精神[M].北京:中共党史出版社,2020.

期刊类

[1]汤一介.论中国传统哲学中的真、善、美问题[J].中国社会科学,1984(04).

[2]宋仁良.社会主义建设的主人——记张百发青年突击队[J].北京党史研究,1992(06).

[3]刘明.庄子技术论思想评析[J].自然辩证法通讯,1995(03).

[4]鲁鹏.制度的伦理效应[J].哲学研究,1998(09).

[5]缪平均.陕甘宁边区工人的旗帜——赵占魁[J].党史纵横,2011(02).

[6]过常宝.论先秦工匠的文化形象[J].北京师范大学学报(社会科学版),2012(01).

[7]张明师.胶合与同构:劳模形象变迁与国家意识形态[J].学术论坛,2012(02).

[8]邓成.当代职业教育如何塑造"工匠精神"[J].当代职业教育,2014(10).

[9]肖群忠,刘永春.工匠精神及其当代价值[J].湖南社会科学,2015(06).

[10]张迪.中国的工匠精神及其历史演变[J].思想教育研究,2016(10).

[11]刘建军.工匠精神及其当代价值[J].思想教育研究,2016(10).

[12]孙清华.西方国家的工匠精神及其当代传承[J].思想教育研究,2016(10).

[13]徐耀强.论"工匠精神"[J].红旗文稿,2017(10).

[14]朱凤荣.社会主义核心价值观视域下制造业工匠精神培育的思考[J].毛泽东思想研究,2017(01).

[15]习近平.在敦煌研究院座谈时的讲话[J].求是,2020(03).

报纸类

[1]习近平.在第十二届全国人民代表大会第一次会议上的讲话[N].人民日报,2013-3-18.

[2]习近平.在同全国劳动模范代表座谈时的讲话[N].人民日报,2013-4-29.

[3]习近平.青年要自觉践行社会主义核心价值观[N].人民日报,2014-5-5.

[4]习近平.谋求持久发展 共筑亚太梦想[N].人民日报,2014-11-10.

[5]习近平.在庆祝"五一"国际劳动节暨表彰全国劳动模范和先进工作者大会上的讲话[N].人民日报,2015-4-29.

[6]习近平.在文艺工作座谈会上的讲话[N].人民日报,2015-10-15.

[7]习近平.在庆祝中国共产党成立95周年大会上的讲话[N].人民日报,2016-7-2.

[8]习近平.在纪念朱德同志诞辰130周年座谈会上的讲话[N].人民日报,2016-11-30.

[9]习近平.在中国文联十大、中国作协九大开幕式上的讲话[N].人民日报,2016-12-1.

[10]习近平.决胜全面建成小康社会 夺取新时代中国特色社会主义伟大胜利——在中国共产党第十九次全国代表大会上的报告[N].人民日报,2017-10-28.

[11]习近平.在二〇一九年春节团拜会上的讲话[N].人民日报,2019-2-4.

[12]习近平.在全国劳动模范和先进工作者表彰大会上的讲话[N].人民日报,2020-11-25.

[13]李克强作的政府工作报告（摘登）[N].人民日报,2020-5-23.

[14]中共中央 国务院印发新时代公民道德建设实施纲要[N].人民日报，2019-10-28.

[15]弘扬精益求精的工匠精神 激励广大青年走技能成才技能报国之路[N].人民日报,2019-9-24.

[16]促进科技与大众创业万众创新深度融合 以改革创新培育我国经济社会发展新动能[N].人民日报，2015-7-29.

[17]鞠鹏.竭诚服务职工群众维护职工群众利益 为实现中国梦再创新业绩再建新功勋[N].人民日报，2013-10-24.

[18]黄敬文,兰红光.当好全国改革开放排头兵 不断提高城市核心竞争力[N].人民日报,2014-5-25.

[19]刘维涛,王尧,兰红光.共同的根共同的魂共同的梦 共同书写中华民族发展新篇章[N].人民日报,2014-6-7.

[20]鞠鹏.中央经济工作会议在北京举行[N].人民日报，2014-12-12.

[21]谢环驰,鞠鹏.坚定信心开拓创新真抓实干 团结一心开创富民兴陇新局面[N].人民日报,2019-8-23.

[22]姚大伟,鞠鹏.庆祝改革开放40周年大会在京隆重举行[N].人民日报,2018-12-19.

[23]张铁夫,穆青.赵占魁同志[N].解放日报,1942-9-13.

[24]刘云.工匠精神实际上是敬业精神[N].羊城晚报,2016-3-11.

[25]工匠精神实际上是敬业精神[N].羊城晚报,2016-3-11.

[26]王寿斌.职业教育要注重培养"工匠精神"[N].中国教育报,2016-3-11.

[27]刘江伟,叶乐峰.工匠精神:为中国制造铸魂[N].光明日报,2016-3-12.

[28]刘志彪.用文化撑起工匠精神[N].人民政协报,2016-4-28.

[29]陈锴凯,张晓燕.劳模秦曙光:安装误差超过0.03毫米他一眼就能看出问题在哪[N].钱江晚报,2016-5-5.

[30]王玲英,顾伯贤,束顺斌,王长伟,赵雪平.没有工匠,哪来工匠精神[N].解放日报,2016-6-6.

[31]桑蕾.马恒昌小组:中国工匠的典范[N].黑龙江日报,2018-8-12.

[32]王启民.大庆油田"新铁人"[N].新华日报,2018-12-24.

[33]郑晋鸣,许应田.南京长江大桥:用工匠精神书写时代篇章[N].光明日报,2019-6-3.

网络类

[1]魏红权.31年执着坚守 终成"研磨大师"[EB/OL].人民网,http://it.people.com.cn/n1/2016/1203/c1009-28922345.html,2016-12-3.

[2]中国制造2025[EB/OL].中国政府网,http://www.gov.cn/zhuanti/2016/MadeinChina2025-plan/index.htm,2015-5-8.

[3]中国共产党第十九届中央委员会第五次全体会议公报[EB/OL].

新华网,http://www.xinhuanet.com/politics/2020-10/29/c_1126674147.
htm,2020-10-29.

[4]李克强强调:着力增品种提品质创品牌[EB/OL].新华网,http://www.
xinhuanet.com/politics/2018-05/10/c_1122814929.htm,2018-5-10.